中国新锐传播学者系列教材

数据新闻案例教程

Cases Studies in Data Journalism

主　编　陈积银
副主编　赵　洋　张收鹏

西安交通大学出版社
XI'AN JIAOTONG UNIVERSITY PRESS

图书在版编目(CIP)数据

数据新闻案例教程/陈积银主编. —西安:西安交通大学出版社,2018.3
ISBN 978-7-5605-8365-5

Ⅰ.①数… Ⅱ.①陈… Ⅲ.①新闻学-案例-教材
Ⅳ.①G210

中国版本图书馆 CIP 数据核字(2016)第 054538 号

书　　名　数据新闻案例教程
主　　编　陈积银
责任编辑　赵怀瀛　郭　剑

出版发行　西安交通大学出版社
　　　　　(西安市兴庆南路 10 号　邮政编码 710049)
网　　址　http://www.xjtupress.com
电　　话　(029)82668357　82667874(发行中心)
　　　　　(029)82668315(总编办)
传　　真　(029)82668280
印　　刷　陕西龙山海天艺术印务有限公司

开　　本　787mm×1092mm　1/16　印张 6.75　字数 149 千字
版次印次　2018 年 6 月第 1 版　2018 年 6 月第 1 次印刷
书　　号　ISBN 978-7-5605-8365-5
定　　价　49.80 元

读者购书、书店添货、如发现印装质量问题,请与本社发行中心联系、调换。
订购热线:(029)82665248　(029)82665249
投稿热线:(029)82668133
读者信箱:xj_rwjg@126.com

序 PREFACE

2008年春夏之交，有一个难得的机会在北京游学。一日，刘海龙到人民日报社9号楼社科院新闻所来探望我，聊到应该举办一个属于年轻人的全国性的传播学研讨会。我们一致认为，年轻人年龄相仿，学理相近，无拘无束，容易碰撞出思想火花。回去后，海龙打电话给张志安，陈述我们的想法，大家一拍即合。中国人民大学新闻学院赞助了一笔费用，当年6月，我们便在人大新闻学院召开了第一届中国青年传播学者论坛。来自全国各地20多位青年学者参加了会议，热烈讨论了整整一天。当时我们谁都没有想到，今天这个研讨会正在以如此有影响力的方式延续着它的生命。

应当感谢每一次会议的主办方，年轻人缺少资源，因此会议不仅不能收会务费和住宿费，而且还要补贴大家的差旅，可以说赔钱到家，投入巨大。中国人民大学、复旦大学、南京大学金陵学院、浙江大学、中山大学、清华大学、武汉大学、重庆大学、安徽大学和中国传媒大学等十所大学的相关院系先后举办了一年一度的盛会。然而即便这样，会议还是开得很艰苦。尤其对不住大家的是在南京召开的那次会议，由于金陵学院资源有限，大家都住在南京大学浦口校区招待所的套间里，一个套间的住客都可以凑出两桌麻将。由于一栋楼只有一个准时下班的服务员，今天已经“贵”为中山大学传播与设计学院院长的张志安竟不得不亲自为厕所疏通下水管道，这件事在他的成长经历中已经留下了不可磨灭的阴影。

然而，似乎没有人计较这些，大家都以能聚在一起讨论学问为快事。中山大学的那次会议一直开到晚上11点，大家仍然饶有兴味地听李立峰和郭建斌分享他们的研究心得，我们才发现温文尔雅的香港名教授在宵夜店消灭啤酒和烤肉的战斗力也是相当惊人的。而此后，饿得两眼发蓝出去喝啤酒吃烧烤便成为了会议的必备程序。由于实行严格的匿名评审，会上的几乎每篇论文，均属上乘，但在点评时仍然会招来雨点般不留情面的批评，尤其是“一对一”对评的时候。尽管有些时候颜面上确实有点挂不住，但谁也没有真正把受到学术质疑看作是一种受伤。

于是，中国青年传播学者论坛渐渐成为一个精神气质上的无形学院。就是在这样的文化和共同体中，大家产生了更多的认同和包容，也产生了更为积极的学术追求，共同出品一些系列性的优秀成果，便成为一种自然而然的愿望。在2014

年的论坛上，西安交通大学出版社的年轻编辑赵怀瀛带着他的“中国新锐传播学者系列教材”来寻求合作时，自然得到了大家的热烈响应。在大家热烈报名之下，便有了第一辑的选题和后续的更多选题。于是在赵编辑的催促之下，便有了这篇文字。中国新锐传播学者系列教材，并没有整齐划一的风格：在内容上既有方法方面的选题，也有理论方面的选题；在形式上既有传统的体系型教材，也有相对新颖的案例型教材。但总体而言，每一本教材都具有前沿性和研究性的色彩，不仅充分体现了知识的体系性，也充分彰显了每一位作者的个性和特点。可以说，这一系列的教材更多地体现出中国青年传播学者论坛那种独有的文化气质：个性张扬，兴趣广泛，敢于迎接和挑战传播的新领域。当然，它也必然是存在各种缺陷，并以开放的姿态接受各界批评的一套文本。传播学进入中国已经 40 年，对于一个直到 21 世纪仍然极其弱小的知识领域而言，需要的便是中国青年传播学者论坛的气质：兼容并包，勇于探索。

十年就这样过去了，我、海龙和志安等这一批论坛的发起者早已人到中年，日渐发福，很快都将退出我们深爱的这个论坛。谨以此序表达我们的初衷和理想，衷心希望中国青年传播学者论坛和中国新锐传播学者系列教材能够不断成长，不断超越，为中国传播学研究的发展作出更大的贡献。

胡翼青于青海玉树

2017 年 8 月 20 日

前言 Foreword

2018年6月29日至30日，由西安交通大学新闻与新媒体学院主办，清华大学新闻与传播学院、香港浸会大学传理学院、北京师范大学新闻传播学院、华南理工大学新闻传播学院、上海大学上海电影学院、湖北大学新闻传播学院、西北师范大学传媒学院联合主办，沃民高新科技（北京）股份有限公司、北京捷泰天域信息技术有限公司、西安交通大学出版社等协办的第三届中国数据新闻大赛暨数据新闻教育高峰论坛即将在西安交通大学举办。

为引领全国新闻业界和学界就国内外媒体前沿话题进行交流和探讨，推动中国高校新闻传播教育和业界新闻业态的数字化转型，首届中国数据新闻大赛暨数据新闻教育研讨会和第二届中国数据新闻大赛暨腾飞新丝路传媒高端论坛分别于2015年6月在西北师范大学和2016年5月在北京师范大学举办，大赛获得了国内外的广泛好评。在前两届数据新闻大赛圆满落幕的基础上，今年的第三届中国数据新闻大赛暨数据新闻教育论坛在国内学界、业界的影响力明显得到了提高。本次大赛吸引了300多个团队、1500多人参与报名，参赛队伍包括高校队伍和业界队伍。其中高校队伍占据主要部分，覆盖西北、华北、华南、华中、西南等各个地区，又以华东、华南地区分布最为集中；此外，香港地区也有高校参与进来，如香港浸会大学、香港中文大学和香港城市大学；除了在国内高校方面引起了广泛关注之外，本届数据新闻大赛也得到了业界的多方支持，大赛自开办的消息发出以来，吸引了人民网舆情数据中心、北京电视台、澎湃新闻、第一财经、深圳晚报、川报集群MORE大数据工作室等机构的积极参与，沃民高新科技（北京）和北京捷泰天域两家公司更是对本次大赛鼎力相助，为参赛选手提供了强大的数据平台支持。

第三届中国数据新闻大赛组委会秘书长、西安交通大学新闻与新媒体学院陈积银教授表示：媒介融合背景下，数据新闻将会成为未来新闻生产的主要模式之一，举办数据新闻大赛对我国传统媒体向新媒体转型具有重大的意义。这样的比赛有利于提高学生们的专业素养，同时也培养了学生的组织能力，开阔了视野。

第三届中国数据新闻大赛暨数据新闻教育高峰论坛沿袭前两届的惯例，在对来自全国各地参赛者的数据新闻作品进行评优、奖励，鼓励推进数据新闻实践发展的同时，也趁此良机开展论坛，将来自国内外学界、业界的专家学者聚集一堂，围绕数据新闻现状与国际前沿研究、现代科学技术下的数据新闻制作研究、数据新闻教学体系研究、数据新闻中外业界的研究与实践等，展开研讨与交流，以期更好地推动数据新闻教育事业的进一步研究发展，克服数据新闻教育发展面临的种种困难和挑战。

一、数据新闻现状与前沿研究

2013年被称为大数据元年，近几年大数据的热度不断上升。特别是2016年以来，各种大数据新闻的尝试、培训、研讨会遍地开花，显示出蓬勃繁荣之态。对于数据新闻的现状，清华大学财经新闻项目联合主任Rick Dunham教授结合自己在华盛顿从业30年的经验谈到，现在比以往拥有更多获取数据的可能，数据新闻发展的好时代已经来临。数据新闻是一种讲故事的新形式："数据工具围绕故事，这才是作为记者应该做的。这些工具不过是帮助讲述故事的一种辅助形式而已。"《华盛顿邮报》多媒体主编Pam Tobey女士结合优秀案例介绍了数据新闻制作中的各种交互技术。她特别强调，在设计信息图的时候，必须分析、理解数据，不能忘记精确性和准确性。总之，要为了内容而呈现信息图。中国传媒经济与管理学会常务副会长吴信训教授表示，随着科学技术的发展，数据在今天的价值越来越凸显，数据新闻事业的发展也将推动传统媒体转向新兴媒体的融合转型。当前的中国数据新闻发展，需要高瞻远瞩，更要脚踏实地。《新闻记者》杂志主编刘鹏博士批判地思考数据新闻发展过程中出现的某些问题，包括概念范畴不确定、形式重于内容、新闻意识不强、过度迷信大数据等。他提出，数据新闻应该归属深度报道、调查性报道，它是此类报道中的辅助手段。在注意可视化陷阱的同时，媒体的核心能力仍在于挖掘真相。

二、学科交叉中的数据新闻制作研究

在互联网云技术等现代科学技术的影响下，数据新闻的制作与研究登上了一个更新的台阶，也引发了学者从不同学科领域的思考。西北师范大学陈旺虎副教授对云计算技术与大数据新闻之间的关系进行了分析，提出互联网时代，理想支撑技术——云计算——给数据新闻带来了前所未有的机遇：社区云让任何人都可能成为新闻记者。此外，还应注重新闻媒体的职能，强调数据新闻发展要进行学科交叉。西北师范大学马慧芳副教授则着重探讨大数据新闻中的文本挖掘技术，分析了文本挖掘的主要处理过程、挑战、分析技术以及新闻事件挖掘的研究现状，并强调"众人拾柴火焰高——众筹新闻"的重要性。西北师范大学讲师赵洋针对新闻制作过程中的可视化技术进行了梳理，提出方式即内容，数据新闻的视觉呈现、视觉沟通要根据阅读内容、阅读顺序、阅读视线开展个性化设置。西北师范大学讲师王绯从数字化动态视觉影像技术的产生、发展及相关问题进行分析，力求在边缘交叉学科中产生的数字化动态视觉影像艺术进行探讨研究。北京捷泰天域信息技术有限公司副总经理陈欣先生从GEoQ位置智能平台入手，分享了地图可视化在新闻领域的应用。河南大学高红波副教授认为，当下中国现有的数据新闻教学和研究工作，主要倾向于数据采集、软件应用和可视化设计等技术问题，关于数据新闻本身的学理研究尚不深入，数据新闻学建构有待进一步加强。中国传媒大学博士研究生刘鹏则从语言学视角界定了数据新闻，对国内几家网站的数据新闻进行观察和分析，尝试从语类、多模态话语分析和修辞结构理论的视角探讨数据新闻在语言运用、语篇惯例及语篇建构等方面的特点。

三、数据新闻教学体系研究

数据新闻在业界的蓬勃发展要求学界匹配相应配套教学方案，目前北京大学、中国传媒大学、武汉大学、中国人民大学、复旦大学、南京大学、浙江大学、河北大学等都已开设了数据新闻课程，并且积极与业界建立了联系与合作，引导学生具备可视化新闻的生产制作能力。除此之外，在港澳台地区，香港大学、香港中文大学、香港浸会大学、香港城市大学、澳门科技大学、台湾大学、台湾政治大学、台湾辅仁大学、台湾世新大学都开设了数据新闻相关课程。西安交通大学李明德教授认为数据新闻为传统新闻带来全新的视角，使得深度报道有了数据的支撑。中国传媒大学王锡苓教授从新闻史论、新闻实务、数据处理、网页抓取技术、可视化技术数据实践项目这五个部分入手，对中国传媒大学首个数据新闻实验班课程设置情况进行分析，尝试用科学的路径来实现数据新闻应该达到的景象。深圳大学王建磊副教授展示了业界在新闻实践方面的三个转向，即技术转向、风格转向和思维转向，借此思考新闻教育该如何适应环境变化，包括进路、教学内容和教学方式的探讨，最后呈现了技术取向的新闻教育给文科老师以及文科学生带来的压力和困惑。中国人民大学新闻学院方洁老师从教育主体、教育内容、教育方式等角度指出全球数据新闻教育呈现出以下三个特征：一是学术机构、高职教育机构、新闻机构与新闻行业组织、其他市民个体组织四个教育主题共同参与互相补充；二是数据新闻教育内容的“内部体系化”逐渐形成，但是与新闻教育其他学科之间共融共通的“外部体系化”尚处于探索之中；三是教育方式灵活多样，但以培养“实践”能力为主导；四是总结了制约数据新闻教育发展因素，包括政治、技术、媒体、经济、教育、历史以及人才等，并且探讨了其未来的发展趋势。

在数据新闻教育中，人才的培养也是研究的热点之一。《新闻与传播研究》副主编朱鸿军博士认为，在数据新闻教育中，学生应该充实知识储备，具备跨学科的新闻素养；学者应该积极介入数据新闻，不应神话数据，应该具有批判精神。四川大学文学与传播学院朱天教授认为，数据新闻作品呈现，很大一种程度是对价值思维和向度的一种重构。此外，传统新闻传播学习模式需要改变，学科发展需要创建复合平台，人才培养需要加强团队协作，由此适应数据新闻的时代潮流。西安交通大学新闻与新媒体学院陈积银教授对哥伦比亚大学新闻学院数据新闻的教学体系、教师资源、培训项目进行了深入解读。在借鉴哥伦比亚大学新闻学院与我国几所主要院校数据新闻教学模式对比分析的基础上，强调学界和业界联合，学科之间联合，以打造数据新闻精英，将学生培养成一专多能的复合型人才为目标。武汉纺织大学周辉副教授介绍了近年来针对国内应用型本科院校中传播类本科生数据新闻制作能力培养的一些实践举措，提出在具体的教学实践中，传播类本科生急需加强数理分析及技术操作方面的训练，社会统计类、数据可视化处理等方面的交叉融合类课程也应相应开设。中国人民大学新闻学院徐向东副教授通过对中美数据新闻人才培养模式的分析，指出我国在数据新闻人才培养中存在以下问题：过分夸大数据的作用，而对该类专业人才的理性研判比较欠缺；教学方式缺乏多样性，网络资源的共享程度不高；教师队伍普遍缺乏实际操作经验，相关学科之间的资源整合程度不高等。

四、数据新闻中外业界的实践

数据新闻理念是实践的基础和根本，是学界和业界不可或缺的理论维度。河北经贸大学张波教授认为，新闻传播业目前仍未形成有序的数据新闻理念与思维，具备数据新闻能力的复合型人才仍然匮乏，传统的新闻生产模式难以适应现今的发展需求，媒体应增强"数据为主，服务为王"的数据观念，变革现有的报道模式和报道逻辑，重塑运作机制、人才队伍与商业模式。上海《新闻晨报》记者陈杰通过近些年来我国传统媒体在新闻操作方式上的悄然变化，阐述数据新闻正式出现后，对传统媒体的改变不仅限于战略和技术，更重要的是理念。清华大学新闻与传播学院常江副教授通过深度访谈的方法对瑞士五家新闻机构的可视化编辑进行访问，提出数据新闻生产与传统新闻之间存在三方面的理念冲突：一是在"真实性"方面，不同于传统新闻奉行的"本质真实"，可视化新闻生产认为真实是一个操作性概念，是一种"再现"层面上的真实；二是可视化新闻主张将美学维度纳入新闻专业主义之中；三是重构新闻价值体系。浙江越秀外国语学院网络传播学院付聚松指出数据新闻在实践层面上呈现出重技术、轻思想的技术唯数论现象，数据新闻所依赖的数据的滞后性与传统新闻追求的时效性和新鲜性出现背离，大部分基于大数据和算法所发挥的预测功能与传统新闻的审慎原则也不符合。

数据新闻实践与数据新闻理念的结合，推动了数据新闻研究与实践的长足发展。长安大学王贵斌教授基于四大网站的数据新闻栏目，从有效数据的来源、选题的公共知识属性、受众关注的问题、依赖受众还是引导受众、数据处理的易读性、可视化的互动性六个方面分析大数据时代的数据新闻生产实践中应注意的问题。西北师范大学硕士研究生刘颖琪以中国首届数据新闻大赛作品为例，从关注领域、数据质量、版面设计、技术运用、表现形式、受众关注度六个方面进行了统计分析。西北师范大学硕士研究生杨廉以新华网、财新网、澎湃网为例，分析了它们的数据新闻风格及特点。

首届中国数据新闻大赛的优秀作品的制作者以及北京捷泰天域信息技术有限公司和无界传媒都为本书提供了大量的原始案例，这些都是本书成型的重要资料来源，这里要特别感谢那些案例的制作者们，是他们的努力让本书有了基础。在本书的整理写作过程中，还要特别感谢西北师范大学传媒学院赵洋老师，陕西广播电视台张收鹏博士，西北师范大学传媒学院的孙中正、陈凯凯、张兴磊同学，西安交通大学新闻与新媒体学院的冯娇同学，他们为本书的成稿、校正都付出了自己非常多的时间，没有他们的辛劳，本书可能也无法按时成稿。**本书的图片仅具有示意作用，读者们如果要查看原图，请拨打 029－82668133 索取。**

最后，感谢每一位将会阅读此书的读者，感谢你们的支持，也希望你们看完本书之后，能够有所收获！

编者

目录 Contents

第1章 交互篇

无论我们是否愿意承认，数据新闻都已经改变并且正在更多地改变我们的新闻传播方式。从新闻呈现的可视化效果的增强到对新闻生产的方式的影响再到新闻生产的叙事形式的创新，数据新闻没有简单地给受众一堆冰冷枯燥而又乏味的数据和表格，它将数据整理成了一种新的更有意义的报道方式，将大数据分析得出的有价值的数据借助图形化的手段加以处理，做出了更容易吸引受众眼球的让受众可以清晰明了易懂的新闻报道。可视化让那些晦涩难懂的数据经过重新包装，令数据之间的关系得以更加清晰明了地展现，为受众带来了最直观阅读体验。而读者也更容易从中看到数据之间的对比，挖掘数据包含的深度含义。

在传统的新闻中，经常会有一些报道中的数据和现实存在一定的距离，给人感觉报道中的数据只是一些数字而已，并不能表达现实生活。而数据新闻则可以从它的制作流程上有效避免此类情况的产生。从制作环节来看，以电视新闻为例，传统的一条新闻制作至少需要经过采访、拍摄、配音、剪辑等几个环节。但是数据新闻的制作采取了和传统电视新闻制作截然不同的制作流程。国外的很多数据新闻工作室都已经按照"定选题—挖掘数据—编辑数据—制图—成稿"的制作顺序进行，还会在过程中邀请不同领域的专业人员参与其中。这样的制作流程在挖掘数据的过程中不仅把可用数据范围内的所有对象作为调查对象，既有效地规避了传统新闻一般是由政府部门、企业或机构等公开的数据库中获取的局限性，又让数据来源于所有各个专业，制作出来的新闻报道不仅能增强用户的参与感，还提高了关注度。

数据新闻多样的呈现形式，打破了传统新闻报道中以文字为中心的单一叙事形式。在传统的新闻报道中，文字是作为新闻报道的"主角"出现在报道中的，而图片、数据在报道中则是以"配角"出现的。但是可视化的数据新闻报道则对此进行了巨大的变革，随着制图工具的开发，可视化新闻的表现形式既可以是一张静态图表，也可以是一张动态图像或者是一个可以互动的网页，更可以是一段视频。通过这些多媒体表现形态，读者可以更容易理解原本晦涩难懂的新闻事实和新闻数据，让这些在传统新闻报道中"配角"也变成"主角"。以美国国家公共电台（NPR）为了揭示世界人口几千年来的变化过程为例（用水来动态模拟这一过程）。用放在不同柱子里不同颜色的水代表世界各大洲人口总数，通过注水速度（出生率）和放水速度（死亡率）来展现人口的增减过程，用动态图像的方式展现复杂、难以描述的人口变化，这样的呈现既生动又显得有趣，获得读者的关注自是必然。

根据制作出来的数据新闻呈现的视觉方式，可以简单地将数据新闻的类型大致分为交互类、静态类、视频类三种。交互类数据新闻的主要渠道便是网络用户，用户可通过电脑和移动端与之进行互动。静态类数据新闻主要是以报纸杂志为主的传统纸质传播媒介和网络媒体。视频类数据新闻所传播的渠道主要是众多的网络媒体及电视媒体。下面所选择的案例都将会按照这三类来为读者进行呈现和分析，希望能对读者有一些帮助。

第1节　交互类数据新闻的特点及应用

交互意味着选择。在数据指数级增加的今天，要想让信息变得有选择，交互就必不可少。交互类数据新闻就是将复杂的数据以选择性最高的形式展示给人们的一种有效方式。通过把大量的信息转化成可以互动的可视化的样式，并向人们提供良好的交互体验，来实现数据新闻真正的个性化定制化的发展与应用。

一、交互类数据新闻的概念

首先，我们要了解什么是交互？“交互”通常泛指为人与自然界中一切事物的信息交流，表示二者之间的互相作用和影响，在数据新闻中则主要指人与计算机屏幕之间所发生的信息交换。“交互”一词在计算机领域涉及面非常广泛，并且应用也是十分强大，其意思为“参与活动的对象可以相互交流，进行双方面互动”。交互类数据新闻中的交互则可以指新闻内容的传播者和接收者之间可以进行互动，读者可以按照自己的意愿只阅读自己喜欢的部分。交互式数据新闻不仅仅让用户产生一定的兴趣参与其中，并且还可以根据用户的不同需要产生的数据来确定未来新闻的选题，真正地实现数据和用户之间产生互动，这也让交互式数据新闻产生了更大的意义。

二、交互类数据新闻的特点

与静态数据新闻不同，交互类的数据新闻强调互动性。这样的数据新闻作品改变了传统新闻的浏览模式，给人们更大的选择权和自主权，人们可以通过点击、拖拽等指令来选择自己喜欢的内容，让人们能够有舒适和谐的操作体验。

在将数据转化为可交互的信息界面的过程中，设计师们都有着基本的设计逻辑和理念，这样才能够得到有价值且互动性良好的图形界面，在这种互动性有趣的界面之中，可以及时地展示出互动数据之间的关系和结构，在某些时刻甚至能体现转化过程的一些细节。但这些细节却没有必要让用户去了解。因为用户根本不需要详细地了解互动数据新闻的相关细节，更不需要知道在这个团队内部是怎样的一个工作机制，用户只需要知道如何操控这样一个交互界，人们通过自身的一种使用方式来进行一系列互动模式，来完成所观看到的界面信息并对其进行一系列的理解就足够了。当交互界面和用户的使用习惯匹配时，交互的界面就会简单易用，也基本不会产生学习的成本。

三、交互类数据新闻的发展

1. 双向互动的增强

网络等新媒体的迅速发展，给新闻传播带来的一个重要特点就是传播的双向互动增强，受众的反馈信息成为传播的重要内容之一。未来交互式数据新闻内容的发展趋势，必然是把来自受众的反馈信息和政府等公共机构的公开信息数据提升到相同重要的程度并将来自双方面的数据作为深度报道和新闻评论的重要依据。

交互式的数据新闻将数据进行多向的对比，挖掘了数据之间的关系，扩大了新闻时间和空间上的报道范围，揭示数据蕴含的内在规律，并能够为新闻评论提供重要依据。同时，交互式数据新闻又能够从数据的角度，交代事件的来龙去脉和细节，其海量的数据包含了事件的变化过程，因此交互式数据新闻最擅长进行深度的报道，对于理解深度报道的事件细节和逻辑也最为有效直观。

2. 详细数据的全面再现

数据的可视化意味着数据可以被更清晰地展示，但是这也同样带来一个缺陷，即数据的细节或者具体的一条条的数据被隐藏了。虽然大部分的用户并不一定会去仔细地校正一则新闻的数据图表到底准不准确，但是如果能够为展示提供这样一个窗口，可视化的真实性在一定程度上也可以得到加强。

同时，给用户一个窗口之后，隐藏的数据变得不再局限于到底要不要为该则新闻提供详细丰富的内容基础，在此之后，用户不断研究探索的以前一些数据和图表甚至可以直接拿来与新的事件和新的图表进行关联和对比，表明交互式数据新闻具有重要的信息再利用价值。而这样一种可再利用的信息，也让信息的储存方式发生变化，将这些信息都汇总到同一张可视化新闻图片中，将来某时一旦需要，打开储藏的交互式数据新闻图片，就可以轻松方便地查看所需数据。这样的交互类数据新闻可能就不仅仅只是一则新闻而已，它可能会变成一个系统，一个强大的某类相关数据的可视化的计算机新闻系统。

3. 交互类数据新闻的兴起还意味着操作理念的转型

终究而言，新闻总是由人来制作。而对于记者、设计师、工程师而言创新能力绝对是一个不容忽视的要求，对设计师而言对图形的编辑和制作也应该更具有概括性和明确性。只有在技术、艺术、人文专业人才的全面支持以及相关机制的保障下，才可以制作出好的交互类数据新闻。针对不同的数据类型，交互式数据新闻的发展也应该逐步具有不同的形式。技术的发展、信息的膨胀也不断对交互式数据新闻可视化的开发提出新的要求。这就需要工程师和设计师在这一领域通力合作，在探索中不断前进。交互设计的逻辑更是提供了一种社会文化创新的凝聚力，利用交互设计选择的核心可以将不同群体、不同背景、不同观点的人们通过多种信息交互方式进行汇聚与融合，将有助于数据新闻的发展与创新。

发展交互类数据新闻一定是媒体在未来抢占市场和用户的必经之路与内在要求，虽然它可能会需要更多包括工程师、设计师、记者等人力成本和金钱成本在内的大量资源，但是它所生产的新闻也更具有成为年度最佳数据新闻和年度最多阅读人数新闻的潜质。同样因为交互的特点，其在对数据的直观展现和数据有效使用之上拥有的无可比拟的优点让大量原有的枯燥和高深的文字新闻的选题和内容将会因为互动式数据可视化的手段而焕发出全新的活力。

在这样的一个时代，不仅是信息的具体呈现形式日益多样，需要吸引受众的眼球，人们对于社会的认知和信息的接收也更加感性化。交互类的数据新闻和可视化新闻叙事方式有能够更好地适应受众理性认知和感性认知整合的需求能力。经过不断发展，交互式数据新闻正在展现与静态类数据新闻截然不同的特点，同时也逐步建立了其在分析对比数据和挖掘新闻深度含义方面的优势。

第2节　文化类数据新闻案例

案例一:"据"说奥斯卡

图 1－1

1927 年 5 月,美国电影界知名人士在好莱坞发起一个非营利组织,定名为电影艺术与科学学院。学院决定对优秀电影工作者的显著成就给予表彰,设立了"电影艺术与科学学院奖"。1931 年后,"学院奖"(Academy Award)逐渐被其通俗叫法"奥斯卡金像奖"(The Oscars)所代替。奥斯卡金像奖不仅反映了美国电影艺术的发展进程和成就,而且对世界许多国家的电影艺术有着不可忽视的影响。

从 1929 年至 2015 年,87 届奥斯卡金像奖共选出了 87 部最佳影片、88 人次影帝(第 5 届有两位影帝)和 88 人次影后(第 41 届有两位影后)。除了好看的电影和红毯走秀,关于它们、他们和她们,大数据会告诉你更多。

"据"说奥斯卡,为你探究这一全世界最有影响力的电影奖项背后的数字"门道"。

1. 作品简介

作品以 1929—2015 年共 87 届奥斯卡金像奖(The Oscars)为主题,通过对历届最佳影片的基本情况、获奖情况、评价情况等方面,以及最佳男女主角的个人档案、荣誉成就等资料全面的数据分析,来探究这一全世界最有影响力的电影奖项背后的"门道",并运用和弦图、力导向布局图等数据可视化方式予以呈现。

2. 作品选题背景

奥斯卡金像奖,也称美国电影艺术与科学学院奖(Academy Award)。奖项设立于 1927 年,由美国电影艺术与科学学院颁发,旨在鼓励优秀电影的创作与发展,是目前最受世界瞩目的电影奖之一。

奥斯卡奖可分成就奖、特别奖及科学技术奖三大类,奖项包括最佳影片、最佳导演、最佳表演(男女主、配角)、最佳纪录片等。其中影响力较大的为最佳影片奖,而最佳男、女主角奖属表演主奖,获奖人有"影帝"与"影后"之称,是男女演员们向往的殊荣。

3. 团队组成情况

三名成员中两名为中国人民大学在读本科生董骁、李佳育,一名为清华大学在读本科生高佳琦。

4. 作品选题意义

从1929—2015年，87届奥斯卡金像奖共选出了87部最佳影片、88人次最佳男主角和88人次最佳女主角。最佳影片的出产地、制作公司等基本属性，其他获奖情况以及票房、评分等外界反应，最佳男、女主角的国籍、年龄等基本情况和参演角色等演员经历……这些数据在进行全面的分析及对比后，会表现出某些规律，并折射出庞杂数据背后时代与历史的变迁，以及电影艺术评判标准和技术的发展。因此对于奥斯卡的数据分析，无疑具有重要的新闻价值。

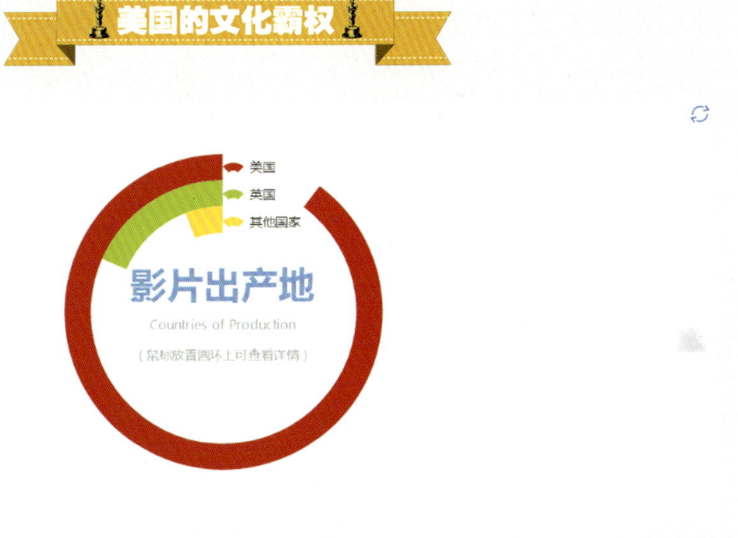

图1-2

奥斯卡金像奖不仅在美国大众文化中扮演着重要的角色，也是各国电影人梦想得到的荣誉。

纵观87届奥斯卡最佳影片，出产自美国本土的影片占比最多，共接近90%，其中仅有11.49%为与其他国家的合拍片。16部来自英国，过半(56.25%)为合拍片形式。仅有5部来自德法意等其他国家，且均为合拍片。

“奥斯卡奖不啻是美国电影的晴雨表，每一届的评选结果既是对上年度美国电影业绩的总结，预示着来年美国电影的趋向；又颇能显示美国电影在社会思潮和大众趣味影响下艺术电影类型、流派的演变和技术的精进。”上海交通大学美国电影研究中心特约研究员严敏曾提出这样的观点。作为一项全球关注的盛会，奥斯卡颁奖典礼已经成为美国意识形态的宣传重地。

5. 作品内容结构

作品结构总体分为前言，最佳影片，最佳男、女主角和结语共四部分。

最佳影片部分包括影片出产地、制作公司、影片类型、分级、其他奖项获奖情况、成本和票房、被参考次数、评分共八项。

最佳男、女主角部分包括国籍、年龄、星座、参演影片类型和饰演角色情况共五项。

6. 作品数据来源

(1)最佳影片数据来源。

①影片出产地、制作公司、影片类型、其他电影奖获奖情况综合自时光网(Mtime.com)以及互联网电影资料库(IMDb.com)。

②影片成本及票房来自互联网电影资料库(IMDb. com)和 Box Office Mojo 网(boxoffice-mojo. com)。

③影片被参考次数来自互联网电影资料库(IMDb. com)。

④影片评分来自烂番茄网(rottentomatoes. com)、互联网电影资料库(IMDb. com)以及豆瓣电影(movie. douban. com)。

⑤影片分级综合自互联网电影资料库(IMDb. com)以及 Film Ratings 网(filmratings. com)。

(2)最佳男、女主角数据来源。

男、女主角国籍、年龄和星座数据来自时光网(Mtime. com)、豆瓣电影(movie. douban. com)以及维基百科(wikipedia. org)。

男、女主角参演影片类型、饰演角色情况综合自互联网电影资料库(IMDb. com)、时光网(Mtime. com)以及豆瓣电影(movie. douban. com)。

(3)部分文字资料数据来源。

新浪娱乐(ent. sina. com. cn)、维基百科(wikipedia. org)、《从奥斯卡最佳影片看美国文化霸权——以21世纪10部最佳影片为例》。

7. 制作过程分析

(1)数据挖掘。

作品的数据挖掘过程为"筛选—分类—预测—相关性分组—描述及可视化"五个步骤,由于数据量不是特别庞大,因此均为人工抓取数据,在抓取的过程中同时进行检验,确保了数据的准确性。

①筛选:通过所有存放奥斯卡金像奖数据的类"库"(互联网电影资料库(IMDb. com)、时光网(Mtime. com)等网站进行数据整合,筛选出作品所需要的数据。

②分类:对筛选出的数据按类型、数值等方式进行分类,便于之后的应用。

③预测:对数据可能会形成的趋势和模型进行预判。

④相关性分组:对有相关性的两类数据进行整合,便于形成相关性分析。

⑤描述及可视化:对数据挖掘结果进行可视化展现。

(2)数据分析。

数据分析工具为 Excel 2013 以及 SPSS22. 0,通过识别数据需求、收集数据、探索性数据分析、模型选定分析、推断分析、评价及改进数据,寻找和揭示隐含在数据中的规律性,并使用数理统计方法对所定模型或估计的可靠程度和精确程度作出推断。

(3)可视化。

作品可视化工具为拥有互动图形用户界面(GUI)的数据可视化工具百度 Echarts。通过直观、易用的交互方式来对所展现数据进行挖掘、提取、修正或整合,同时系列选择、区域缩放和数值筛选,可以让观看者用不同的方式解读同样的数据。

历届获奖的最佳影片中,成立于1924年的米高梅电影公司(Metro-Goldwyn-Mayer)以13部的出产量位居榜首。但是,其中大部分影片为20世纪60年代之前的作品。

在60年代末之前,米高梅一直是好莱坞最大、最有影响的集制片、发行、放映于一身的电影公司,它发起成立了美国电影艺术与科学学院,并推出了奥斯卡奖,雄师标志甚至成了美国的象征。但是第二次世界大战之后,由于受到了非法垄断、电视业兴起和创始人梅耶去世的三重打击,米高梅开始连年亏损,处处受制于人。由于经营不善,米高梅陷入破产困境,之后的几

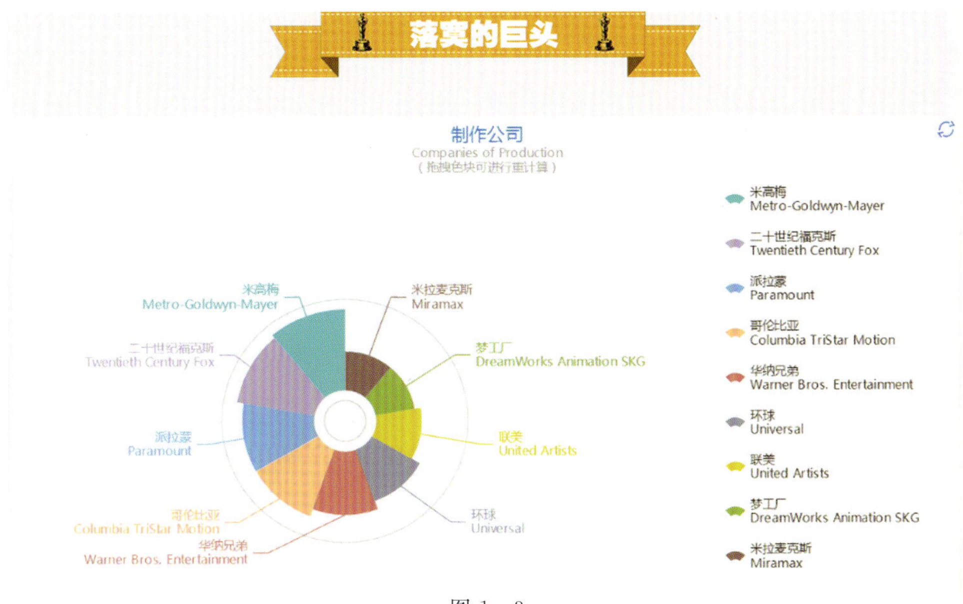

图 1-3

十年再无佳作出品。

劲敌的溃败让二十世纪福克斯(Twentieth Century Fox)和派拉蒙影业公司(Paramount)陆续崛起，而后起之秀梦工厂电影公司(DreamWorks)甚至连续拿下了 2000—2002 连续三年的最佳影片。

作品中，运用了时间轴折线图、多维条形图、彩虹柱形图、南丁格尔玫瑰图、环形图、时间轴饼图、雷达图、和弦图、力导向布局图、地图、漏斗图这 11 类互动图表形式来展现数据。与此同时，通过选取资料，为每一个图表做个性化的阐释与解读，形成一条“故事流水线”，这也是数据新闻特点中最重要的一点——讲好一个故事。

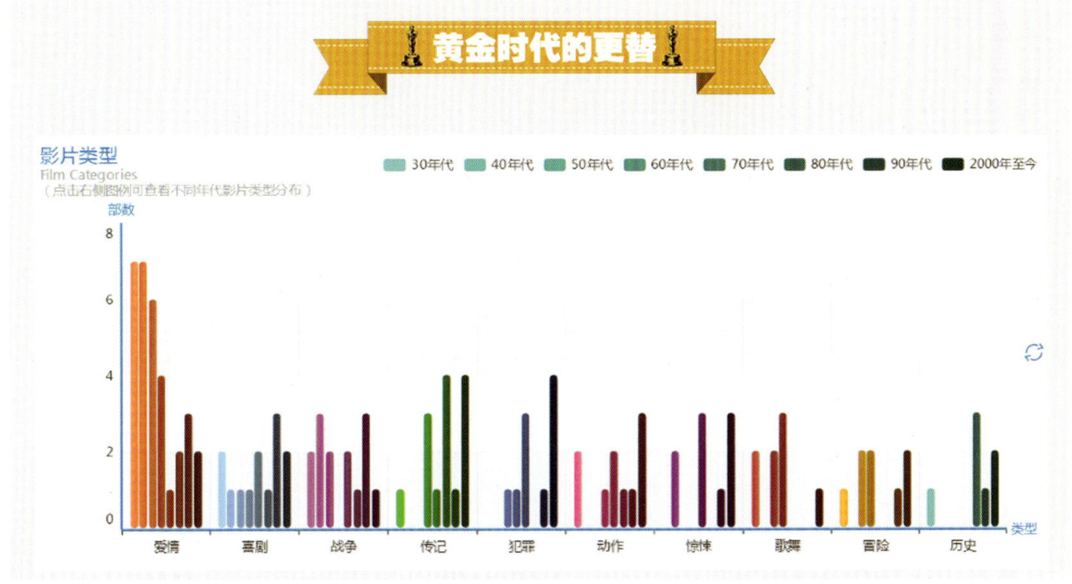

图 1-4

87 部最佳影片以爱情、喜剧、战争等类型片为主。其中爱情片占据绝大比例，尤其在 60 年代之前，以 20 部占据绝对优势。从 60 年代开始，传记片和犯罪片逐渐受到评委的青睐，导致爱情片的占比有所下降。

歌舞片从 70 年代起逐渐没落，观众的目光投向了战争、科幻、社会问题等等，歌舞片的浪漫情怀没有了市场。直到 21 世纪初，《芝加哥》(Chicago)在 2003 年拿下奥斯卡最佳影片，歌舞片以一种全新的形态回归了主流市场——歌舞更像是电影的一个元素，而不再像三四十年代，负载着电影情节的推动。它摒弃了浪漫温情的道路，开始更多地关注社会现实。如姜文《一步之遥》所表现的，对于歌舞片一种更合适的说法，应该是“歌舞剧情片”。

美国电影分级制度是由美国电影协会(Motion Picture Association of American，MPAA)负责组织的由家长们组成的委员会，根据电影的主题、语言、暴力程度、裸体程度、性爱场面和毒品使用场面等，代表大部分家长可能给予的观点对电影进行的评价。其目的是提前给家长提供电影的相关信息，帮助父母们判断哪些电影适合特定年龄阶段的孩子们观看。而评级与电影内容的好坏并无关联。

1968 年 11 月 1 日，MPAA 通过的电影分级制度正式生效。制度分为 G 级、PG 级、PG－13 级、R 级、NC－17 级、NR/OR 级(未定级)和 M/X/P 级(不准在大院线放映)共七类。

在 70 和 80 年代的获奖影片中，通用级(G)和限制级(R)分别占据半边江山。从 90 年代开始，限制级影片占比逐渐上升，而 2000 年后的限制级影片的比例接近 70%。这是否意味着，奥斯卡的评委们开始偏爱重口味了呢?

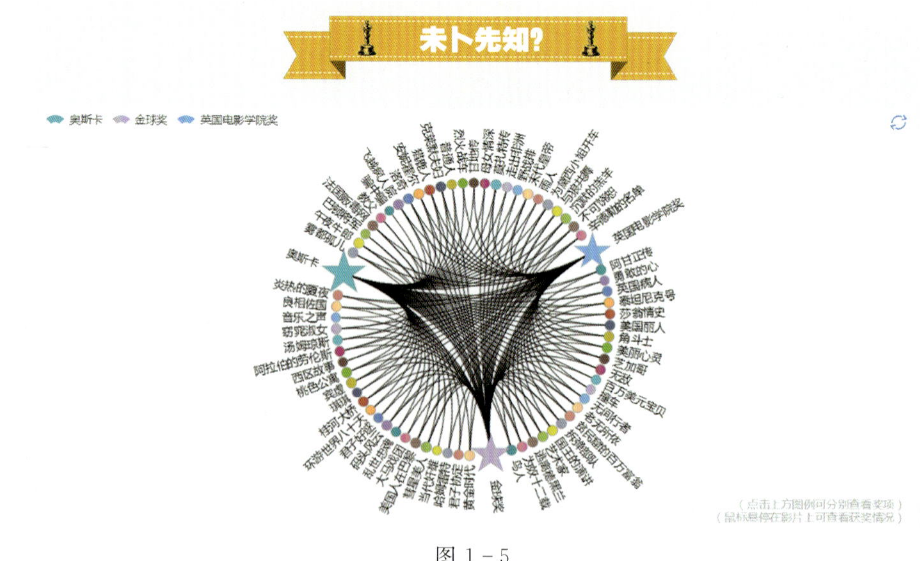

图 1－5

如何提前预测奥斯卡最佳影片花落谁家? 颁奖季早于奥斯卡的金球奖和英国电影学院奖不失为两个好选择。

创办于 1944 年的金球奖(Golden Globe Awards)是美国的一个电影与电视奖项，举办方是好莱坞外国记者协会。金球奖的奖项设置和奥斯卡基本一致，分为剧情片和喜剧片两部分。奖项的最终结果，是由 96 位记者(其中约三分之二是兼职)的投票产生。金球奖曾经在 2004 年取得六项大奖高度重合的“好成绩”。

从上图可以看到，69 部奥斯卡最佳影片中有 59 部同时获得了金球奖。所以拿到金球奖的名单，几乎就等于拿到了奥斯卡名单的一大半。

英国电影学院奖(BAFTA)创建于 1947 年，只要在英国正式上映的影片均可获得提名，同时面向世界各国的影片进行评奖，一度被称为“英国奥斯卡奖”。

同样从上图可以看到，69 部奥斯卡最佳影片中有 53 部获得了学院奖。但是，如果仔细对比两者的历届获奖名单，会发现英国人和美国人的审美口味还是有一定区别。

最后，共有 45 部影片同时获得了奥斯卡、金球奖和英国电影学院奖，堪称佳作中的佳作。

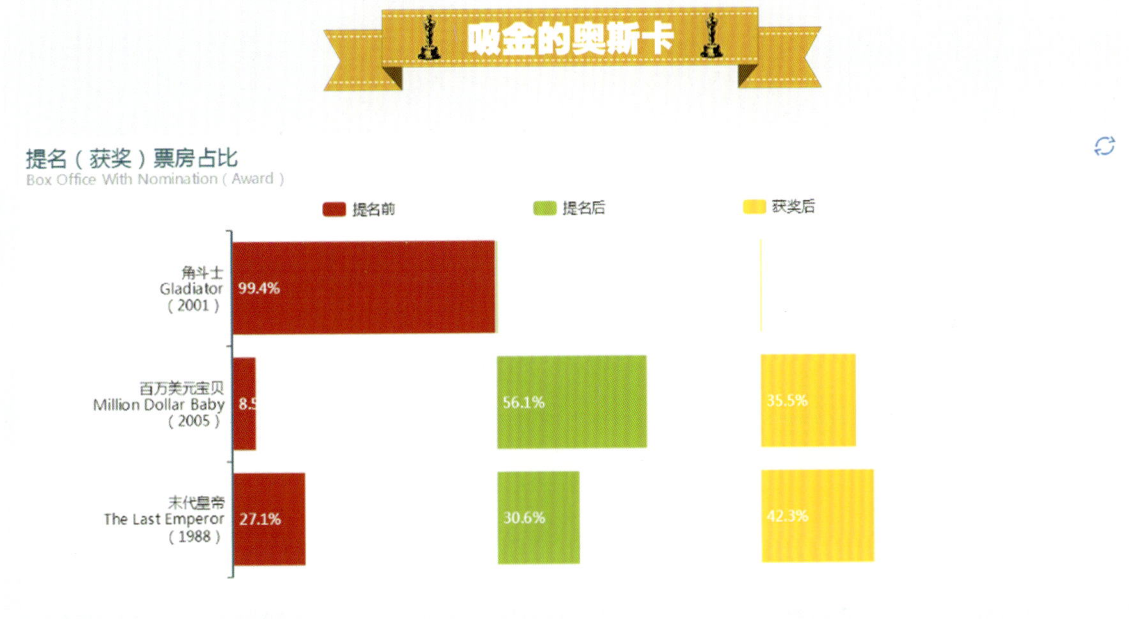

图 1-6

电影片商一般会通过获奖电影的后续票房、DVD 发行和贩卖周边来继续吸金。

根据 Box Office Mojo 网站的数据统计，1986 年至 2015 年的 30 部最佳影片中，《角斗士》(Gladiator)的票房收入基本完全来自于提名之前(99.4%)，为 1.87 亿美元。《百万美元宝贝》(Million Dollar Baby)的票房收入(1.004 亿美元)中，有 56.1%来自提名之后，在得奖后又有 35.5%的票房进账。而得奖后票房占比最多的为《末代皇帝》(The Last Emperor)，占总票房(4398.4 万美元)的 42.3%。其他奥斯卡带来的票房收入占据影片总票房的一半以上的的电影还有《艺术家》(The Artist)、《国王的演讲》(The King's Speech)、《贫民窟的百万富翁》(Slumdog Millionaire)等。

可以看出，奥斯卡近十年的吸金能力正在逐渐变强。这其中奥斯卡的影响力不必多言，然而限制级影片获奖比例的升高，吸引大量成年人进影院观看，同样是一个重要的原因。

一代代电影人都是看着上一代电影人的作品成长的，那些经典电影自然会对后来的电影产生深远的影响，其中的经典桥段也可能在之后的电影中有所体现。而火眼金睛的网友们如果发现某种联系，便会把它提交到互联网电影数据库(IMDb.com)网站的“Connection”栏目中。

根据提交原因，这些联系可分为“参考”“恶搞”“放映”“续作”等类别。在这个数据库中，

15425 部影片组成的电影引用网络里一共可以找到 42794 个联系。越重要、越经典的电影，拥有的“引用”数自然也越多。

由于奥斯卡一般只评选当年上映的电影，提名的影片数量也不多，最终的获奖名单极易受到流行时尚、商业宣传的左右，因此在评估影片的长远影响方面，它仍是力有不逮。所以 IMDb 网站对每部影片的“Connection”统计，成为查阅影片“参考文献”，鉴别其影响力的最佳方法——在 87 部最佳影片中，《教父》(The Godfather)以 1106 次的被参考次数成为当之无愧的经典佳作。紧随其后的是《卡萨布兰卡》(934 次)、《乱世佳人》(772 次)等影片。它们都可谓是“经典中的经典”。是不是得了奥斯卡奖就意味着影片的口碑一定好？非也。

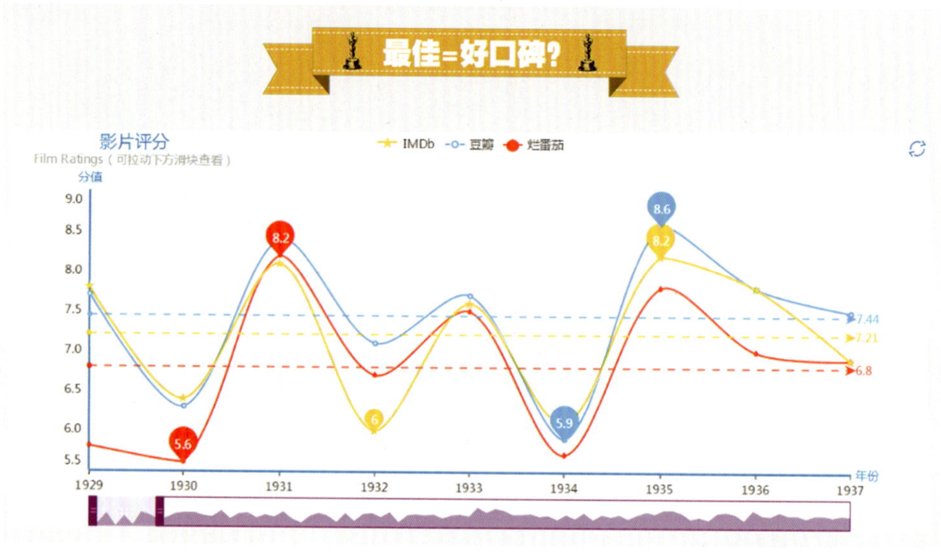

图 1－7

上图展现了 87 部最佳影片在 IMDb、烂番茄和豆瓣电影的评分总体趋势，其中 IMDb(互联网电影资料库)的评分来自全球影迷，烂番茄的评分来自著名媒体和专业影评人，豆瓣电影则代表国内影迷的对影片的评价。

可以看出，IMDb 和豆瓣电影的评分趋势大致相同。前者口碑最好的电影为《教父》(9.2 分)，最差为《壮志千秋》(6 分)。后者口碑最好的电影为《辛德勒的名单》(9.4 分)，最差为《乱世春秋》(5.9 分)。而烂番茄的评价趋势较为波动，70 年代之前的评分都不是很高，最低甚至达到了 4.2 分(《大马戏团》)。从 1971 年开始，评分逐渐趋于稳定上升的态势。2014 年的《为奴十二载》竟拿到了 9.8 的高分。

从 87 部影片的平均分来看，豆瓣普遍评价较高(8.12 分)，烂番茄评价则较为严苛(7.55 分)。

何方水土能培养出奥斯卡影帝与影后？

下图为 88 人次影帝与影后国籍(以出生地为标准)的全球分布情况。从美国本土来看，纽约诞生过 13 位影帝、7 位影后，堪称“影人宝地”。加利福尼亚州仅次于纽约，诞生过 9 位影帝、7 位影后。而影史中唯一一位获得 4 次奥斯卡影后加冕的凯瑟琳·赫本(Katharine Hepburn)，则来自于美国康涅狄格州。

放眼其他国家，英国伦敦诞生影帝(6 人)和影后(5 人)的数量最多。影史唯一一位“三冠王”影帝丹尼尔·戴·刘易斯(Daniel Day Lewis)便来自于伦敦。有区别的是，影帝主要分布

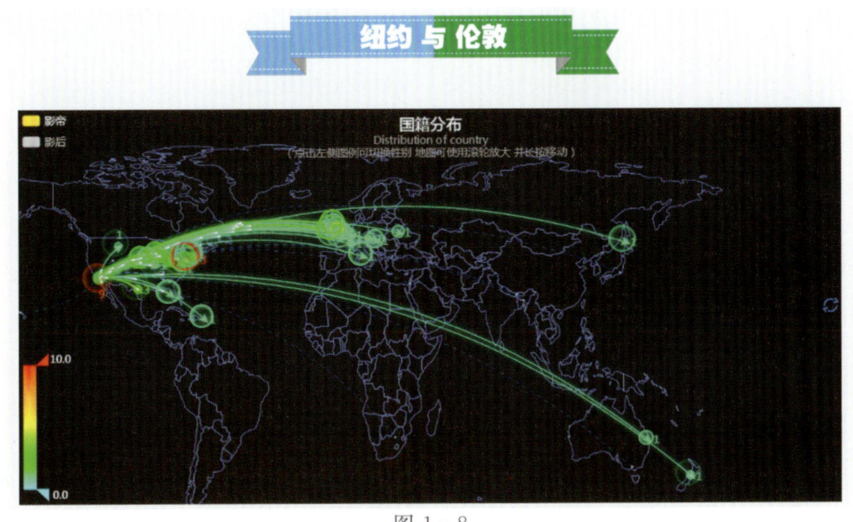

图 1－8

在美国和英国，影后的分布相比则较为分散，其中来自瑞典斯德哥尔摩的英格丽·褒曼(Ingrid Bergman)和德国杜塞尔的路易丝·赖纳(Luise Rainer)等均拿过两次影后。

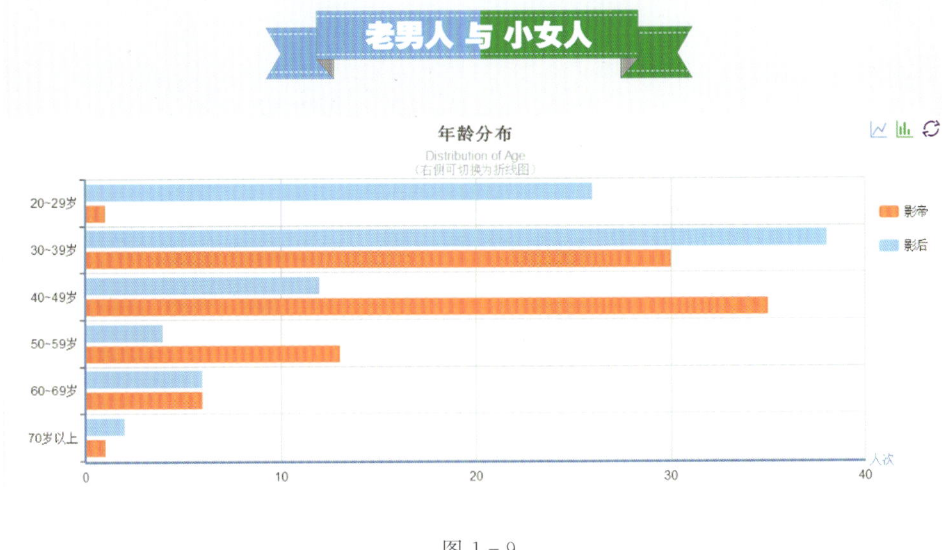

图 1－9

男演员获得影帝时的年龄大都集中在30～49岁，88人次的获奖平均年龄为44.38岁。其中，最年轻的演员为阿德里安·布洛迪(Adrien Brody)，29岁时凭借《钢琴家》(The Pianist)拿下影帝。最年长的为亨利·方达(Henry Fonda)，77岁时才凭借《金色池塘》(On Golden Pond)夺得影帝。

而女演员在获得影后时的年龄大都集中在20～39岁，88人次的获奖平均年龄为36.63岁。其中，最年轻的的演员为玛丽·玛特琳(Marlee Matlin)，22岁时凭借《悲怜上帝的女儿》(Children of a Lesser God)拿下影后。最年长的为杰西卡·坦迪(Jessica Tandy)，81岁时才凭借《为黛西小姐开车》(Driving Miss Daisy)夺得影后。

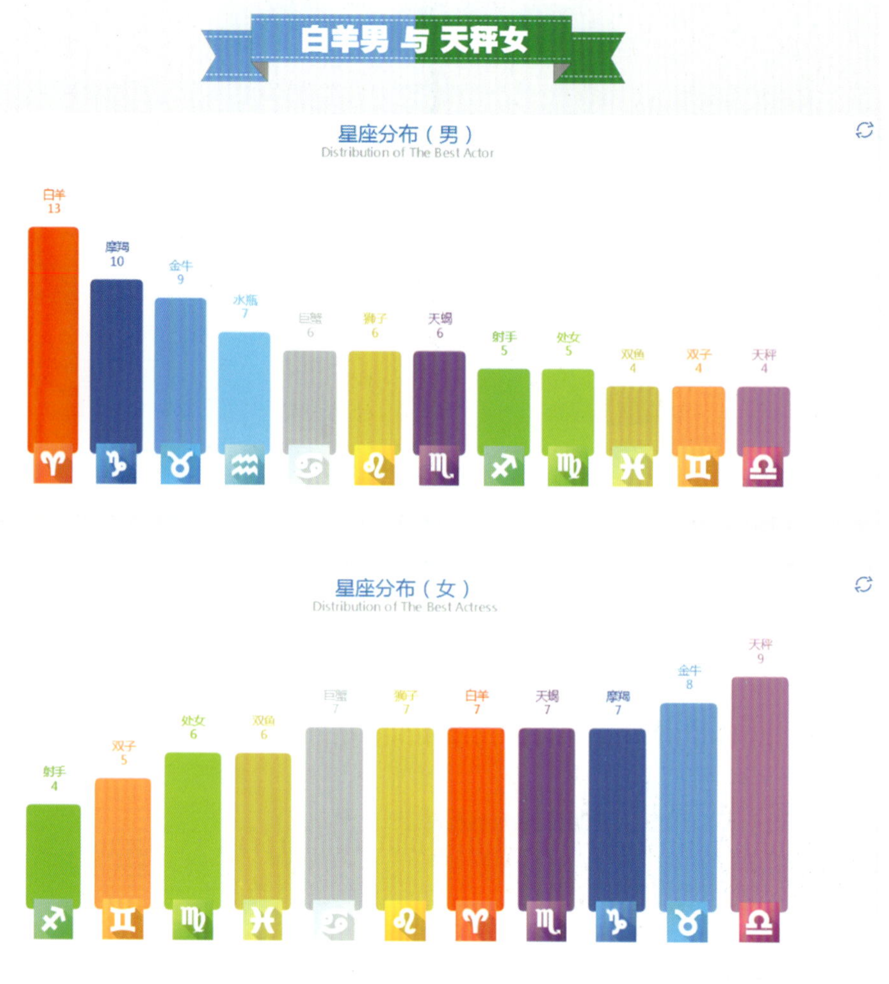

图 1-10

白羊座获得影帝的人数最多，为 13 人，天秤座的影帝数量最少，为 4 人。相反天秤座在影后中很吃香，共有 9 人拿过奖。水瓶座的女演员还从未拿到过影后。

现实与梦幻

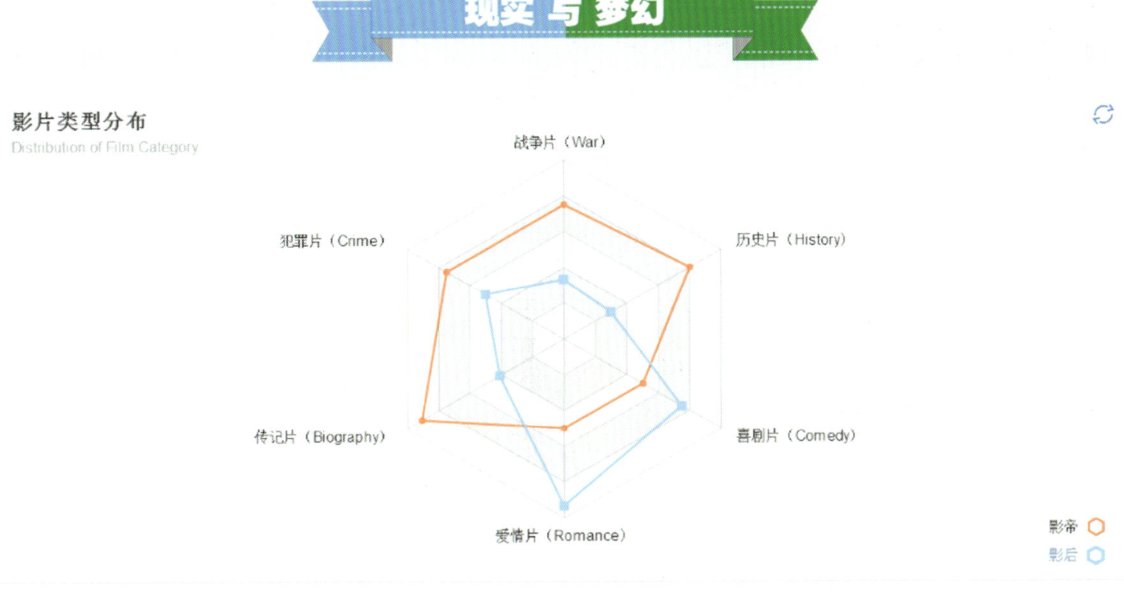

图 1－11

根据最佳影片在 IMDb 的官方分类，通过对影帝和影后参演影片类型的筛选统计，传记片更容易塑造影帝，这也与影帝的集中年龄 30～49 岁基本相符。而爱情片更容易塑造影后，同样，年轻的女演员（20～39 岁）更容易在两类电影里出彩。

“雄狮男”与“凤凰女”

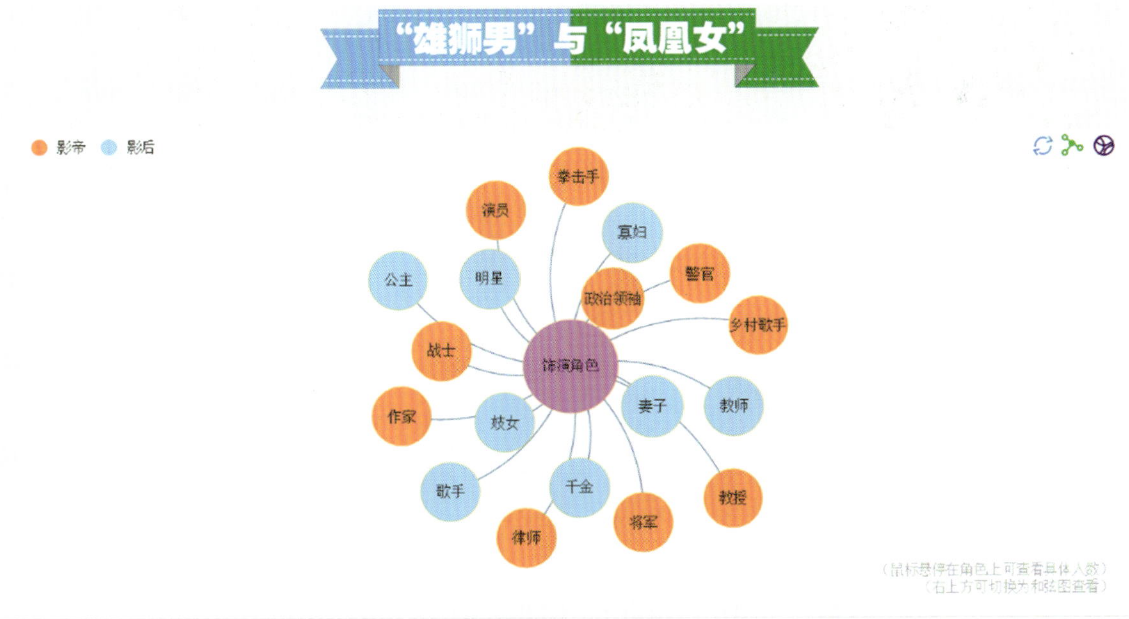

图 1－12

从历届影帝和影后在电影中的具体角色来看，饰演政治领袖（11 人次）、战士（6 人次）、警官（5 人次）、将军（4 人次）、律师（4 人次）等角色更容易俘获评委的心，他们的形象大都为历经磨难的成功人士，性格较为积极乐观。而饰演妻子(10人次)、千金(6人次)、寡妇(6人次)、明星(6人次)、妓女(4人次)等角色更容易拿下影后头衔。她们的形象大都为屡屡碰壁的失败者，性格较为消极低沉，但最终基本都会凤凰涅槃，咸鱼翻身。

除此之外，统计数据显示，获奖的影帝中有11位饰演角色为特殊群体(如瘫痪的物理学家、患有口吃的国王等)，影后中有13位(聋哑人、异装癖等)。不难看出，男女演员对于特殊群体的“本色”饰演已经成为奥斯卡评委较为关注的共同特征。所以“无冕之王”的莱昂纳多·迪卡普里奥选择在新片中出演二十四重人格障碍患者，可以看作是冲奥的最优选择。

纵观87届奥斯卡金像奖，庞杂的数据背后是时代历史的变迁，以及电影艺术评判标准和技术的发展。虽然有人批判奥斯卡是“政治正确的娱乐”，但是这一全世界最有影响力的电影奖项，仍在无形中促使了更多佳作的诞生，也成为了无数电影艺人终身的梦想追求。

8. 制作过程中遇到的难点和对策

(1)制作过程中遇到的难点。

作品的总体制作过程较为顺利，数据整合的问题主要是不同网站对于影片类型的定义有一些差异，需要综合几家网站进行归类，确定一个贴近官方的类型定义。网页制作的问题主要是Echarts的部分图表，如仪表盘图，它需要一个循环代码来确定指针的停留位置，但是无法很好地展现在网页中。

(2)难点解决对策。

面对这些问题和难点，小组进行合理分工，三人分别负责逻辑设计、数据挖掘分析和网页制作，提高了制作过程的总体效率。

9. 作品创新点解读

关于奥斯卡的大数据，很多媒体在报道时仅仅停留在红毯走秀、获奖情况的报道和历届“提名之最”等类似的老套盘点。其中较为出色的是时光网制作的《你所不知道的奥斯卡密码》信息图表，但仅为静态展现，并没有可以交互的行为。相比而言，作品以公开的数据为基础不仅实现了数据的全方面挖掘分析，开掘隐藏在宏观、抽象数据背后的新闻故事，而且实现了与观看者的交互，通过拖拽重计算、时间轴拉伸等方式，观看者可以参与其中，主动获取自己所需的数据，真正实现了“数据驱动新闻”这一数据新闻特色。

案例二：移动互联和我们

图1-13

1. 作品简介

技术的进步给人们带来了巨大的变化，介入人类生活的移动互联网，更是与我们如影随形。移动互联技术如何实现了对人类的奴役？在与技术同行的路上，我们何以如此前行？作品在呈现移动互联技术对我们生活产生影响的同时，反思伴随着技术的人类发展之路。

2. 作品选题背景

自 1994 年以来，中国互联网走过了辉煌的 20 余年。从起步阶段，到 Web1.0、Web2.0 时代，互联网逐渐渗透到人们社会的各个方面，并与普通人的生活发生了愈来愈紧密的关系。互联网，尤其是移动互联网在为人类生活提供了极大便利的同时，也正以某种不易察觉的方式控制和影响着人类生活方式，异化或“奴役”着人类的创新能力。对此，必须予以正视和分析。

3. 团队成员介绍

团队成员为中国传媒大学新闻学院王锡苓教授、博士研究生王荣和本科生刘一然共三人。

4. 作品选题意义

作品选择中国互联网络信息中心自 2000 年以来的公开数据(CNNIC 自 1997 年开始了其长达 17 年的中国互联网络发展调查，但起始几年，调查变量几经变化逐渐出现问题。作品调查变量基本统一为 2000 年以后的数据)，以及其他科研机构、市调公司的实证数据，采用数字可视化方式揭示互联网技术之于人们生活、工作的影响，以生动的形象化展现技术在为人类提供各种便捷服务的同时，人类是如何被技术牵掣，进而成为技术的“奴仆”。作品借助现当代哲学思想，对当下移动互联网之于人类生活方式的正、负面影响提出警醒，发出棒喝。

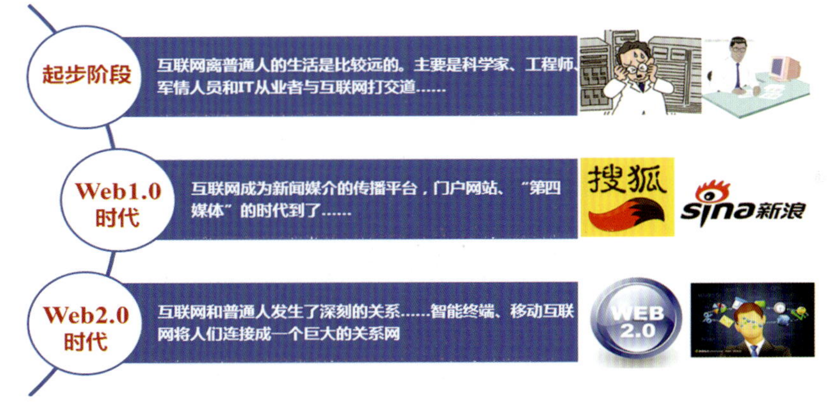

图 1-14

5. 作品内容结构

作品由三部分构成。第一部分，运用科学、实证数据，梳理中国互联网 20 余年辉煌发展历程及中国网民与互联网的关系逐步由游离到深度参与。第二部分，互联网逐渐渗透人类生活的过程，也是人类一步步接入互联网，从移动互联网获取新闻、交流沟通、商务交易、休闲娱乐的过程。作品采用数据方式描述这种渗透的过程和结果，并着重说明移动互联网在人类日常生活、学习、工作中无远弗届的存在，正是这种看似极为便利易行的技术，将人类一步步捆绑在智能终端和 Wi-Fi 上，时间空间碎片化、社会参与虚拟化，人们陷入技术桎梏而不自知。第三部分，借用现当代哲学思想，对技术异化人类的作用进行反思、警醒。

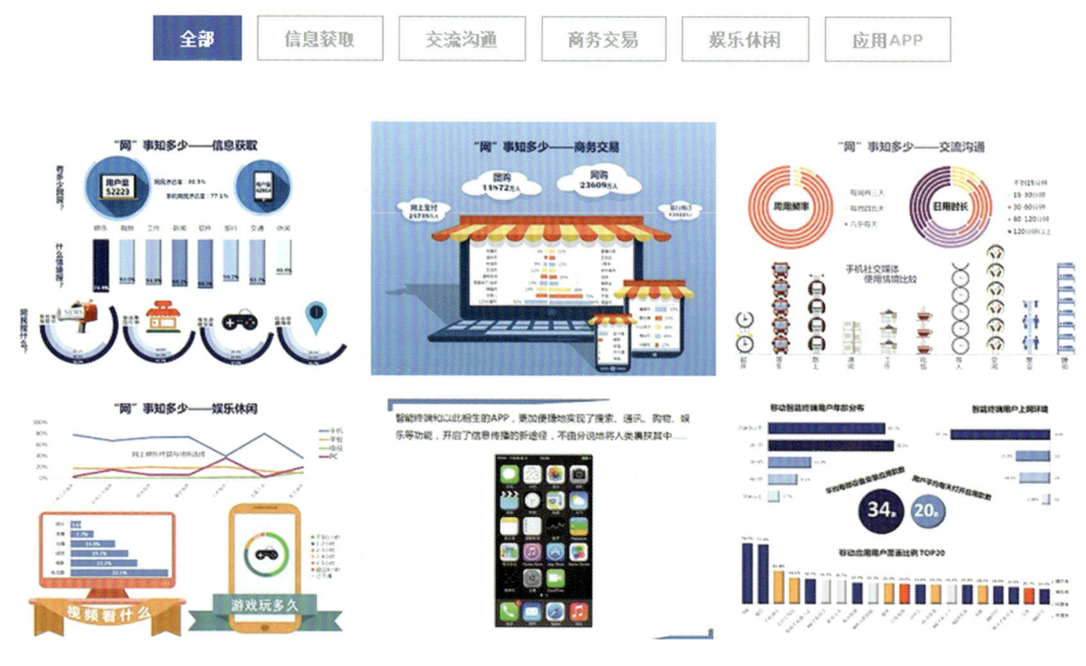

图 1－15

人们被技术"奴役"了……

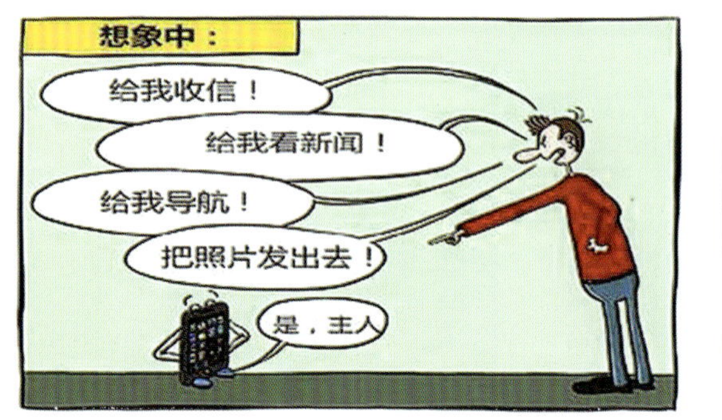

图 1－16

6. 作品数据来源

(1)中国互联网络信息中心 CNNIC,《中国互联网络发展状况统计报告》,共计 35 次；

(2)TalkingData 移动数据研究中心 2015 年 1 月发布报告《10 亿说：行业精益发展，O2O 热度空前——TalkingData 2014 移动互联网数据报告》；

(3)Nielsen. ccdata2014 年 7 月发布报告《移动社交用户需求与行为调研报告》。

图 1－17

7. **制作过程分析**

(1)数据挖掘。

作品利用已有开源数据进行分析。

(2)数据分析。

运用 Excel 对数据进行整理与分析。通过对 CNNIC 历年报告的分析，整理出相应数据。利用其他数据资料进行各种运算，以图表呈现，实现作品意欲达到的目的。

(3)可视化方式。

①Tableau，使用 Tableau 制作信息仪表盘，实现纵向数据的动态呈现；

②Excel，使用 Excel 绘制部分图表；

③PowerPoint，通过 PPT 进行信息图排版制作；

④AI、PS，运用 AI 和 PS 处理图标图片，美化信息图表；

⑤Notepad＋＋、Dreamweaver，运用 Notepad＋＋和 Dreamweaver 工具编写网页源代码，使作品最终呈现为网页形式。

8. **制作过程中遇到的难点和对策**

(1)制作过程中遇到的难点。

①CNNIC 的调查变量并非统一，在起始阶段，变量测量内涵不一致情况较多出现，因此，团队只选择 2000 年至今的数据进行分析；

②第三方开源数据相对较少；

③缺少服务器支持，限制了作品的互动设计；

④网页设计和数据搜集有一定难度。

(2)难点解决对策。

①以 CNNIC 数据为主，辅以其他科研机构、市调公司发布的数据；

②选用其他数据时，尽量选择变量统一、调查时间相近的数据，以实现数据的科学、可靠。

9.作品创新点解读

(1)将 CNNIC 的数据做纵向处理、横向呈现。

(2)在梳理中国互联网辉煌 20 余年的基础上，凸显移动互联网对人类社会生活的渗透与影响。

(3)运用现当代哲学思想对技术驾驭人类、控制人类的作用进行反思。

(4)尝试进行作品的互动。

(5)通过数据“发现”新闻，强调数据新闻的思想性。

案例三：中国电影“光·影”

图 1-18

1.作品简介

作品分析了近三十年内中国电影在国际的影响力及困境。作品分为两个部分。第一部分为“光环面”，分析了中国电影在国际各大奖项中的获奖情况和国外上映的票房统计等。第二部分为“阴影面”，分析了中国电影目前存在的艺术性与商业性剥离、无法全面展现中国价值观等问题，客观描述了中国电影的现状。

2.作品选题背景

作品创作时恰逢 68 届戛纳国际电影节，贾樟柯导演的作品《山河故人》入围，侯孝贤导演凭借作品《刺客聂隐娘》获得最佳导演奖。

3.团队组成情况

团队由西北师范大学传媒学院两名研究生王资佶、王未组成。

4.作品选题意义

探讨中国电影的发展现状及困境，为中国电影进一步走出国门提出参考性意见。

5.作品内容结构

作品分为两个部分。第一部分“光环面”介绍中国电影的辉煌成就，包括：1988—2014 年中国电影在欧洲三大国际电影节和奥斯卡金像奖获奖的影片；2005—2014 年全球电影获奖总量 TOP5；2005—2014 年中国电影海外票房及单个电影过万美元统计；2005—2014 年中国电影北美年度总票房及过百万美元影片、跨界导演转型成功案例。第二部分“阴影面”介绍中国电影目前走出国门的瓶颈，包括：艺术性与商业性剥离、文化内涵缺失、无法诠释中国价值观、产业结构不合理、无法展现中国形象。

6. 制作过程分析

(1)数据挖掘,主要使用艺恩数据、中国电影票房数据中心,Box Office Mojo。

(2)数据分析,主要使用 Excel 2013、Tableau。

(3)可视化,主要使用 Photoshop、百度图说、Echart。

图 1-19

2005-2014中国电影海外票房及单个电影过千万美元统计

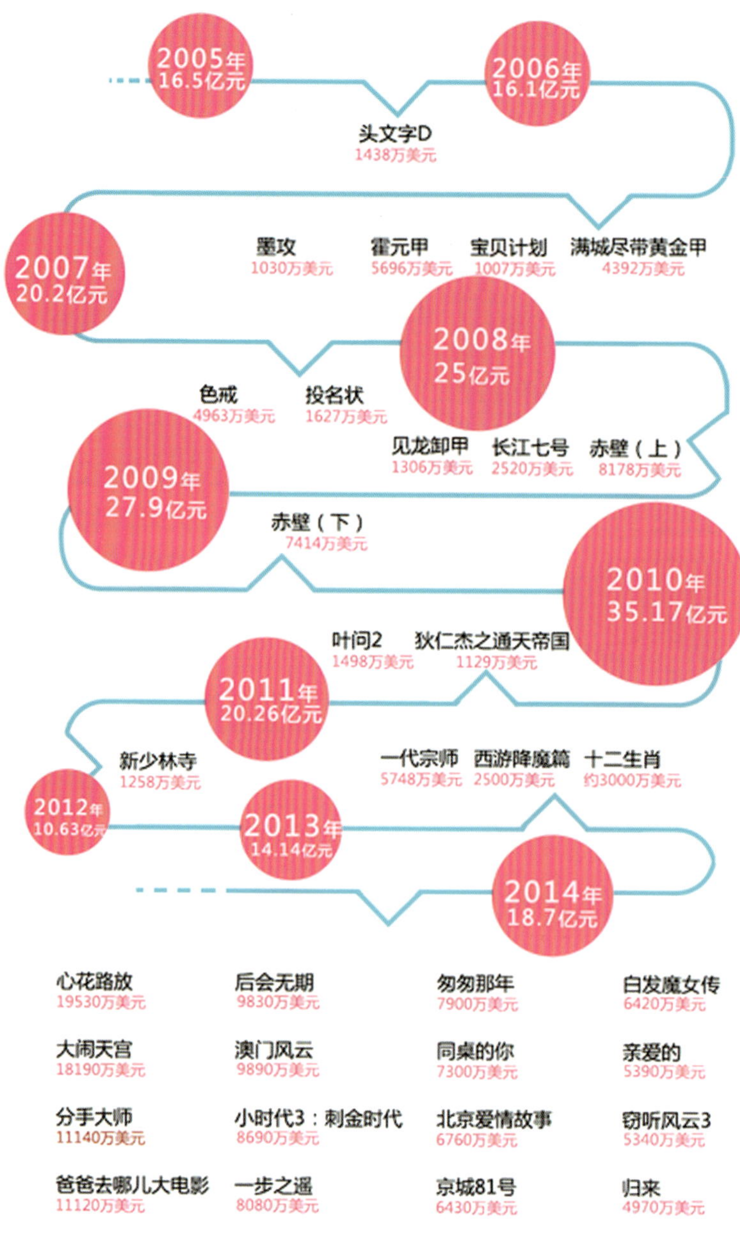

图 1-20

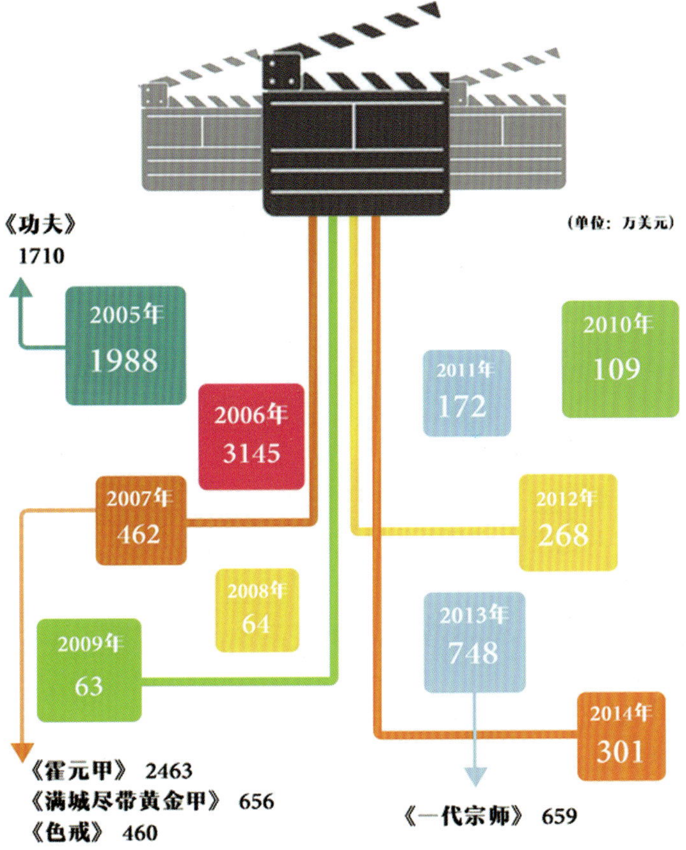
2005-2014中国电影北美年度总票房及过百万美元影片
《功夫》
1710
(单位：万美元)
2005年
1988
2006年
3145
2007年
462
2008年
64
2009年
63
2010年
109
2011年
172
2012年
268
2013年
748
2014年
301
《霍元甲》 2463
《满城尽带黄金甲》 656
《色戒》 460
《一代宗师》 659
数据来源：艺恩数据

图 1-21

跨界导演崭露头角 创作格局发生改变

图 1-22

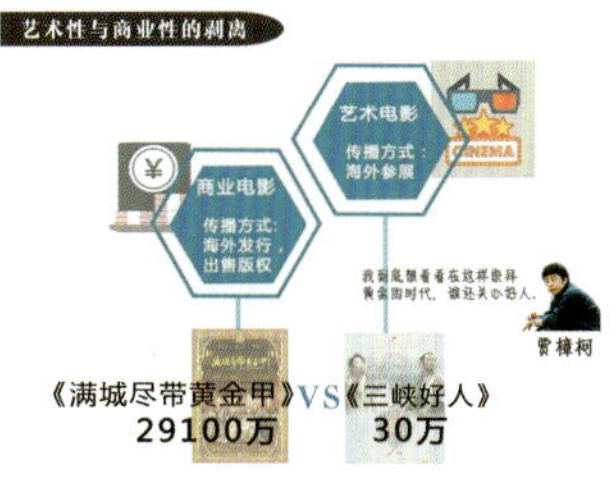

图 1－23

文化内涵缺失

“中国式商业大片在市场上创下了一个又一个票房奇迹，但无论是在叙事视角、叙事模式上，还价值立场、思想理念上都经常面临各种批评。”

上海大学-陈犀禾

中国电影要进入国际主流电影市场，一方面要有成熟的市场运作，了解电影市场规律，了解国外的电影市场，以及不同商业规则的对接，但更主要的一方面是注重中国电影内在文化价值的锤炼。

北京大学-戴锦华

“从《英雄》、《满城尽带黄金甲》，到《赵氏孤儿》，这些影片给我们带来巨大的空洞，提供给我们的仅仅是一种自我价值的中空状态。当中国电影以巨无霸的方式膨胀，是什么样的内容、什么样的软件在填充这个巨大的硬件机制。”

中国传媒大学-仲呈祥

“金钱可以买来一个民族物质上的美味佳肴，但绝对买不来一个民族健康的文化胃口。文化应该化人，而不是化钱；艺术应该养心，二不是养眼……”

清华大学-尹鸿

2014这一年虽然票房飘红的电影不少，但是被人们记忆和赞誉的影片却不多。被人们普遍关注的大导演和大制作电影不少，但是最终似乎并未产生真正能够在思想表达和艺术表达上都能够具有典范意义的精品力作。

图 1－24

无法诠释中国价值观

《功夫熊猫》是一部以中国功夫为主题的美国动作喜剧电影，影片于2008年在全球上映后取得了巨大的成功。影片使用了大量的中国元素，却体现了美国的核心价值观

图 1－25

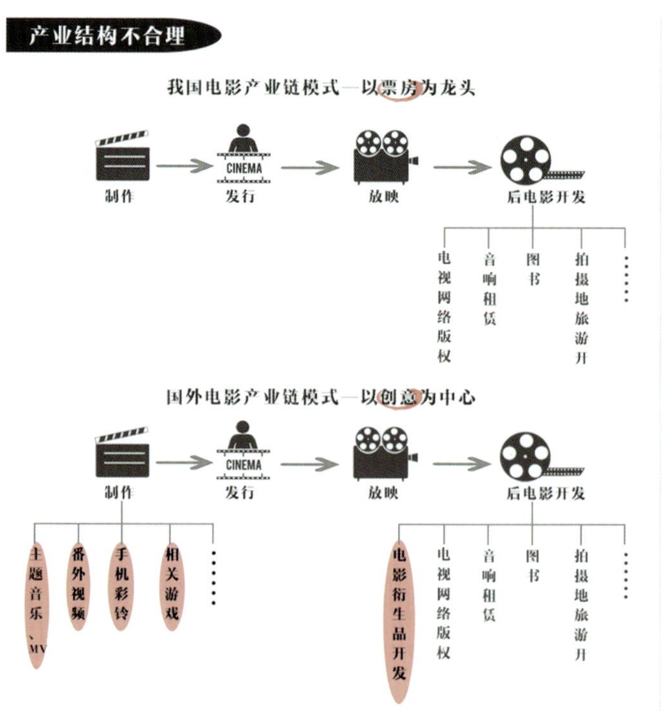
产业结构不合理
我国电影产业链模式—以票房为龙头
CINEMA
制作
发行
放映
后电影开发
电视网络版权
音响租赁
图书
拍摄地旅游开
……
国外电影产业链模式—以创意为中心
CINEMA
制作
发行
放映
后电影开发
主题音乐、MV
番外视频
手机彩铃
相关游戏
……
电影衍生品开发
电视网络版权
音响租赁
图书
拍摄地旅游开
……

图 1－26

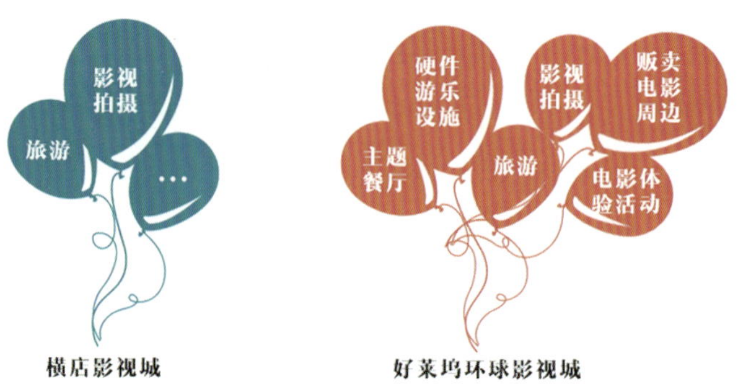
影视城产业结构
影视城结构单一，对其经济价值开发不全面。同时没有知名巨制电影为其打响全球知名度。
影视拍摄
旅游
…
横店影视城
硬件游乐设施
影视拍摄
贩卖电影周边
主题餐厅
旅游
电影体验活动
好莱坞环球影视城

图 1－27

无法展现中国形象

国外获奖影片大多表现的是以落后、贫穷、封建等为标签的“丑陋”的中国形象，国内的学术界、媒体和普通的观众都颇有微辞。

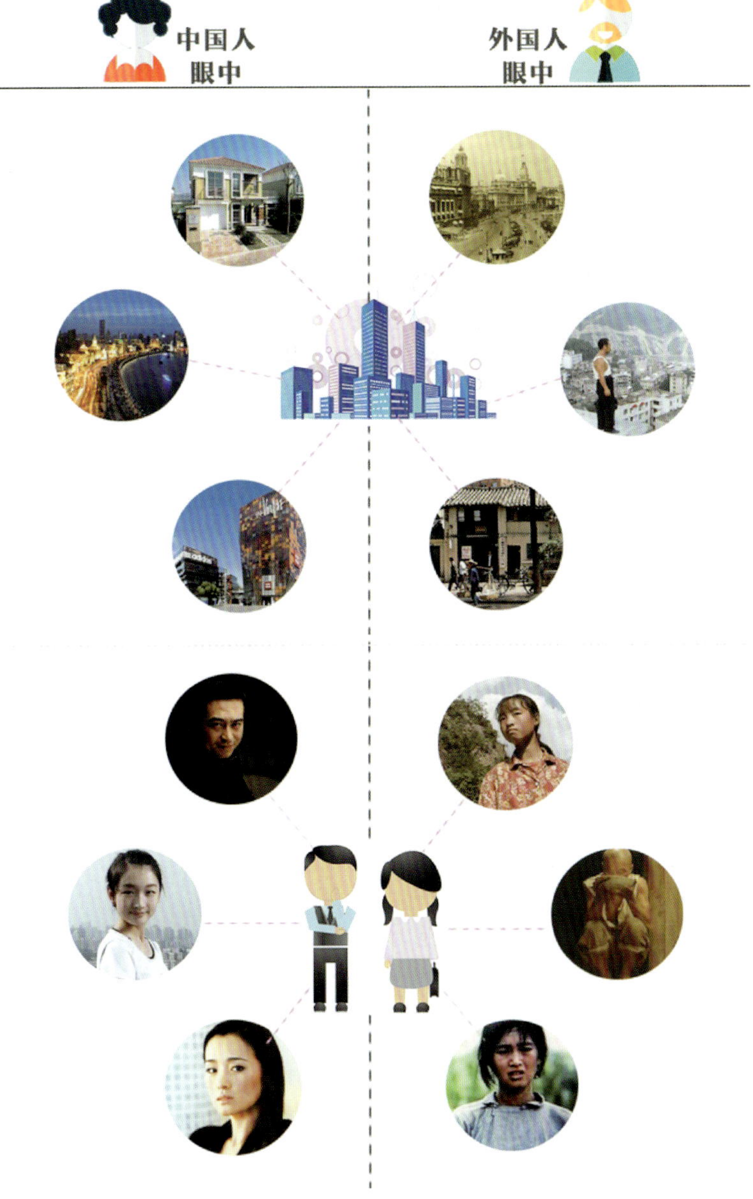

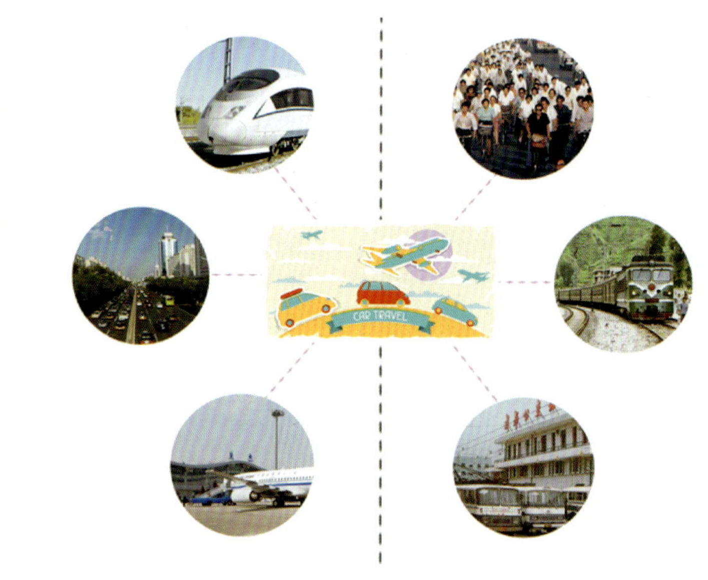

图 1-28

8. 制作过程中遇到的难点和对策

(1)制作过程中遇到的难点。

作品遇到的主要难点就是数据搜集、可视化方面的问题。搜集方面:数据不好获得,一些数据有些网站统计不一致;可视化方面:信息图的模式如何能更好地诠释数据。

(2)难点解决对策。

借鉴一些国内知名数据新闻团队的信息图模式。

9. 作品创新点解读。

运用流程图的方式诠释电影数据,更加直观。

第3节　民生类数据新闻案例

案例一:农业转基因,谁是最大获利者

1. 作品选题意义

2015 年,农业转基因投入商业运用整 20 年。中国是全球转基因作物种植的第六大国,种植面积达 390 万公顷。同时,还从国外进口大量的转基因玉米、大豆等农作物。

目前,全球有 28 个国家的 1800 万农民在 1.81 亿公顷的土地上种植转基因农作物,约占全球耕地面积的 12%。从 1996—2014 年,转基因农业所带来的作物产量增值达到 1400 多亿美元。转基因经济的背后是全球农业格局的巨大改变,但却罕见产业变革过程中常见的激烈竞争、并购和整合。农业转基因,是商业利益还是战略阴谋?争议背后,谁才是最大获利者?

2. 团队成员介绍

团队三人均为上海大学本科生团队。

3. 作品内容结构

作品为一篇新闻评论稿。

(1)主要内容架构包括:现实背景下的转基因农业新情况—农业转基因的争议—美国的态度—农业转基因巨头孟山都公司—孟山都公司为何能作如此强大的分析—结论。

(2)形式结构包括:文本(含分析和采访)+数据图表。

备受争议的农业转基因

2015年年初,我国转基因农业领域于2014年到期的三张安全证书重获签发。过去10年间由转基因农业所引发的激辩在政府、科学家、公知和公众之间再度回旋。2015年度中央文件《关于加大改革创新力度加快农业现代化建设的若干意见》也传递了中国农业转基因产品市场不能都让国外产品占领的思路。

过去十年,关于农业转基因的激辩让公共舆论分成两派:一派强调农业转基因在消除饥饿、提高产量和减少农害方面的价值;另一派认为转基因作物不仅在食品安全方面存在巨大隐患,而且对国家粮食安全构成严重威胁。这种世界范围的分化在互联网上呈现为以“基因技术”(biotech)为表述的支持方和以“转基因生物”(GMO)为表述的反对方之间的辩论。

美国的态度

相形之下,美国对农业转基因表现出非常开放的态度。转基因农作物的种植面积达7310万公顷,是世界最大的转基因种植国,其52.3%的农田作物为转基因作物。美国食品饮料和消费品制造商协会的数据显示,美国国内市场上销售的70%~80%的包装食品含有转基因成分。

美国的一些研究表明,农民在食品收益分配中所占的份额不断减少,1910年农民在食品收益中所获利约占40%下降到2006年的5%。同时,美国政府专门面向工业化大农场和商品化农产品的高额补贴,促进美国小型家庭农场大幅度缩减,大规模的商业化种植成美国农业主要方式。这为转基因农业在美国快速推广提供了有力的基础。

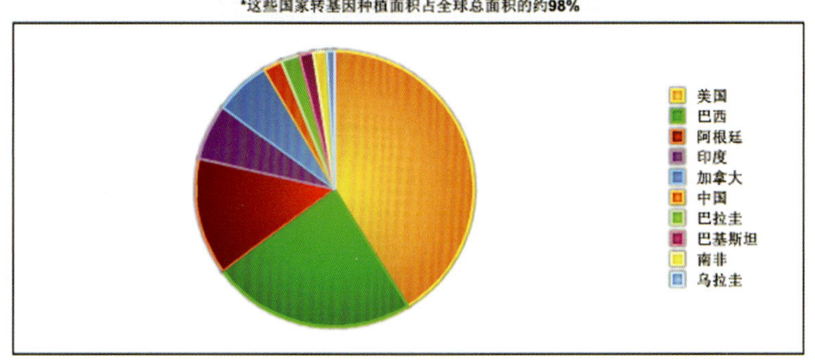

图1-29

20世纪70年代,基辛格曾展望美国地缘政治的长期目标是:“谁控制了石油,谁就控制了所有国家;谁控制了粮食,谁就控制了所有的人。”洛克菲勒基金会也宣称:“必须用转基因作物来满足世界人口增长所引起的粮食需求增加。”

在全球6大转基因跨国公司中,美国占到3家。这种开放的态度直接造就了世界最大的转基因公司孟山都。2013年，孟山都公司首席技术官罗伯特·福里来(Robert Fralay)被授予“世界粮食奖”，这是国际上在农业领域的最高奖项。

孟山都是谁

孟山都公司(Monsanto)不仅在农业转基因领域占据了特殊地位，而且在化工科技领域备受瞩目，2011年曾被《自然社会》(Natural Society)评为“地球上最邪恶的公司”。

事实上，在20世纪末我国棉花产业遭遇棉铃虫侵袭之际，孟山都就曾以其转基因抗虫棉进入中国市场。后来在国产抗虫棉占据国内90%以上棉花市场后，孟山都退出。

作为世界上六大转基因种子公司之一，孟山都在世界农业转基因市场份额中占比最大，美国90%以上的转基因种子都来自于这家总部坐落在密苏里州的圣路易斯的大型跨国公司。此外还有坐落在美国爱荷华州的杜邦公司(DuPont)、瑞士巴塞尔的先升达公司(Syngenta AG)、美国印第安纳州的陶氏公司(Dow Agrosciences)、德国卢德维格沙纷的巴斯夫公司(BASF)、德国蒙汉姆的拜耳农作物科学公司(Bayer Cropscience)。这些公司占有了国际农业转基因种子供给的大部分市场，并主导着国际种子市场的发展方向。

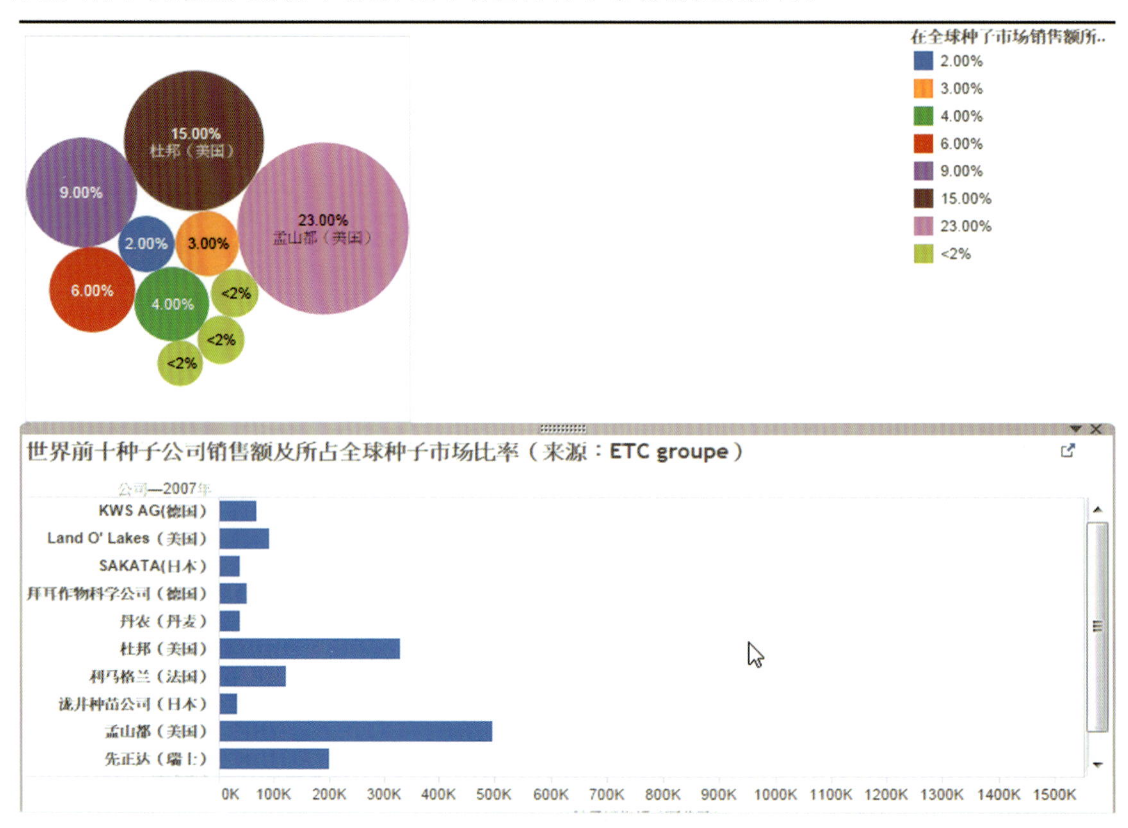

图1-30

这家成立于1901年的公司，曾是20世纪全美最大的化工科技公司之一，其早期生产的糖精曾被作为可口可乐的人工甜味素。该公司的早期产品如聚苯乙烯、甜味素、牛生长激素、PCB多氯联苯物等，让这家公司始终处在争议的风口浪尖。

在其历史上最具影响的事件之一是PCB，这是一种被广泛应用于制冷设备上的化工制剂，在20世纪80年代初已被禁止使用。然而，在阿拉巴马州的安尼斯顿，PCB所造成的影响至今仍未能消除。由于PCB工厂，当地居民癌症发病率大幅度上升，并有不少人死于PCB污染。孟山都工厂附近的居民陆续搬离那个地区，现在该地区已经渐趋荒芜。

孟山都公司的拳头产品农达(RoundUp)是全球销量最大的除草剂，也是美国和欧洲的农场中最为畅销的农业药剂。这种除草剂的特点在于，可以将农田里没有植入抗除草剂基因的作物都杀死，只保留植入了抗体DNA的作物。而抗虫害转基因农作物的研发和推广是当前农业转基因研发领域中的一大趋势，也是我国在转基因研究领域中的重要关注点。“我们最新的研发重点是抗虫大豆。这个技术现在正在巴西实施。这类转基因大豆只在巴西种植，所以，其他国家购买这些转基因大豆都要从巴西进口。”孟山都公司的对外发言人Gary Barton说道。

从孟山都公司封闭实验室的窗口看进去，很多穿着白色工作服的人在一些仪器上工作，“他们都是拥有生物学博士学位的科学家，能够对动物、人类和植物的DNA进行操作，我们公司针对的只是植物DNA。”孟山都公司每天投入400万美元用于研发，相当于一年1.46亿美元。该公司目前拥有26个温室，130个实验模拟区，全天候24小时都有科研人员工作。

在孟山都公司，可以看到一种庞大的精密机器。“十年前，考虑到效率，开始使用这种非常复杂的机器，能够准确地抓取每一粒种子，并从胚芽处切口。”美国政府对转基因工程的支持态度、全天候的工作机制、高效精密的仪器、能够模拟各种季节环境的控制模拟区和病毒培育功能性的实验室，再加上与比尔·盖茨基金会和其他社会组织的紧密合作，种种因素造就了今天的跨国种子巨头孟山都公司。而这些条件在世界其他地区在相当一段时间内都无法达到。

一家种子公司为何如此强势

在农业转基因领域，孟山都有着超乎寻常的强大主导力，以至于包括美国农业部在内的监管部门在制定标准时，常常受到对外贸易部等其他政府部门的压力，表现出妥协。这导致在FDA的规定中并没有对转基因农作物做出特别规定。

美国调查记者对孟山都公司的一份关于牛生长素(rBGH)的调查报道指出，孟山都公司被泄漏的一份内部报告显示，“注射不同剂量的人造激素后，奶牛也出现了严重的生殖问题”。牛生长素在美国农场里曾被普遍使用，但在与美国一贯保持一致的加拿大，却是被禁的。1998年10月22日的一则新闻报道了“孟山都被指控贿赂加拿大卫生部，以批准rBGH”，在那次法庭指控中，曾在加拿大卫生部工作过的玛格丽特·海登博士举证孟山都的代表曾约见过她的导师和研究团队，并提出向他们提供120万美元作为研究赞助，以帮助加拿大做更多关于牛的实验。虽然加拿大在那次法庭辩论后就禁止了rBGH的使用，但三位辩护者均被开除了公职，而他们号召的对牛奶进行检验的社会请求也一直未能实现。

同样的故事也发生在英国，世界知名的科学家英国罗威特研究所的阿庞德·普斯太教授，在1998年对农业转基因土豆的小白鼠实验后，发出转基因食品警告，并从此失去了工作。但第一批转基因土豆还是抵达英国，并进入商业化种植运作。

美国经济趋势基金会主席杰里米·里夫金曾在一档关于转基因的纪录片《孟山都眼中的世界》中说：“我们必须承认，他们追求利益化的速度超乎想象。我从未见过任何一家公司对制定管理条例的国家高层有如此巨大的影响。”

根据片中麦克·汉森博士的说法，“FDA之所以允许孟山都公司各种基因技术的商业运用，是因为孟山都的许多前高级雇员，后来都进了 FDA，并影响和掌握了审批程序”。很多人将孟山都与政府之间的这种关系成为“旋转门”现象，“旋转门不仅存在于农业，它存在于各个领域”。

2014 年，孟山都的年销售额较 2013 年再度增长了 7%，其净利润也实现了 10%的增长。这样的增长速度得益于其保护型的商业运作。如今，孟山都公司的农达转基因大豆已经占美国大豆生产的 90%以上。生物技术作物受到美国专利法保护，因此，在任何情况下，农民不能把种子留到第二年再耕种。这是对孟山都和其他生物技术公司的保护，转基因农作物的开发需投入巨大的资本。孟山都公司 2012—2014 年利润增长如下图所示：

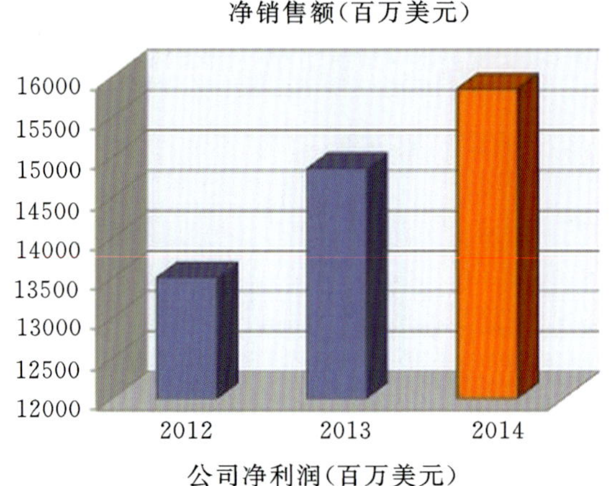

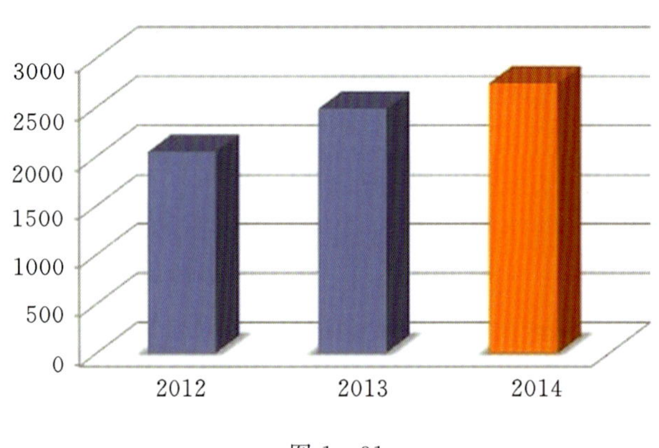

图 1-31

控制了种子，便控制了食物

孟山都这样的跨国巨头占据了大部分国际转基因农业的种子市场，我们很难断言这是美国借以控制其他国家的阴谋，还是商业扩张的利益诉求。然而，事实上，孟山都在美国农业市场上已经形成了特有的商业接管模式，并正在向世界其他地区延展。

随着美国市场渐趋饱和，孟山都将视线投向发展中国家。1995—2005 的 10 年间，孟山都在全世界收购了超过 50 家种子公司，范围覆盖玉米、棉花、小麦、大豆，以及番茄、土豆和甜菜种子。

1999 年，孟山都收购了印度最大的种子公司马哈拉施特。此后，印度通过了转基因棉株“保玲棉”的种植许可。而现在，孟山都几乎占据了印度整个棉花种子市场，印度农户只能以高于普通种子四倍的价格购买转基因棉花种子。在墨西哥，为了保证玉米作物的多样性，已禁止种植转基因玉米。但由于和美国、加拿大签订了《北美自由贸易协定》，大量的美国玉米涌入墨西哥，其中40%是转基因玉米。即便农户不愿意接受转基因玉米，这些转基因玉米植株花粉随风传播，墨西哥玉米品种受到基因作物影响严重。

中国是农作物进口大国，尽管在2013年以来农业进口增长率下滑，但进口总额度仍保持着稳定的增长。从2014年的数据来看，玉米、小麦、大米、棉花、食用植物油等呈现出明显的贸易逆差。而这些作物正在越来越多地被转基因品种所占据。2010—2014年中国农业进出口情况如下图所示：

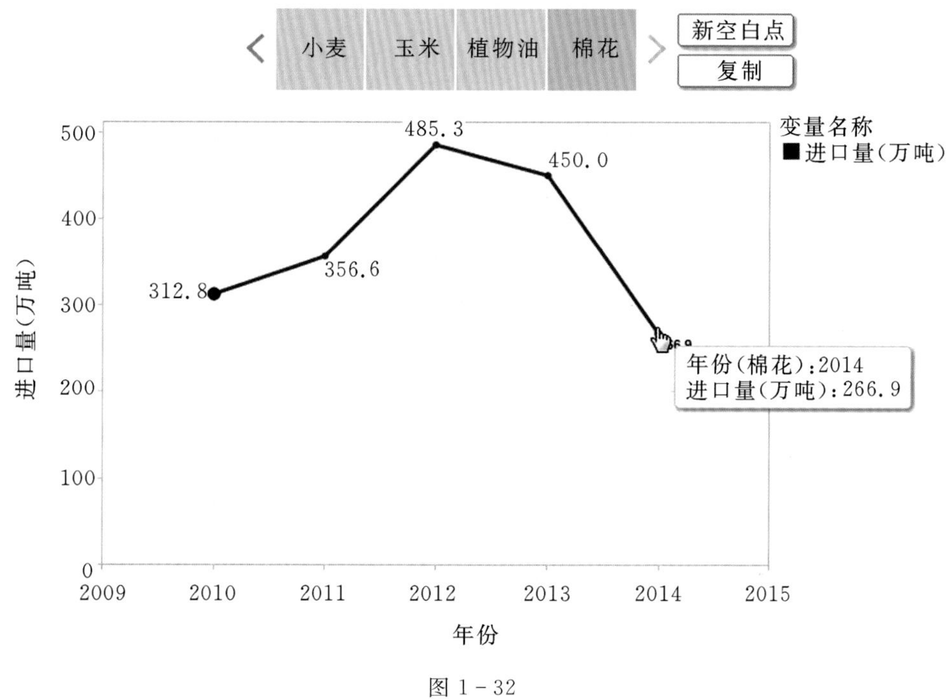

图 1-32

目前，在中国、印度、巴西、阿根廷、南非等发展中国家，转基因作物的种植面积达到8470万公顷，占全球转基因作物种植面积的47%。由于引入美国的现代农业技术、化学肥料和转基因种子，不少发展中国家逐渐形成对美国的强烈依赖。

在谈到转基因和孟山都在中国所受的争议时，孟山都的对外发言人 Gary Barton 表示："中国对进口粮食的需求量很大。在农业转基因方面，中国投入也非常大，那里有优秀的科学家，并已经掌握了一些前沿技术，我想他们已经认识到了转基因的好处。但关键还在于未来看待这个问题的指向。"

4. 作品数据来源

Isaaa 年报、美国农业部网站、密苏里州农业署、中国商务部对外贸易司、中国农业部、其他互联网发布的信息。

5. 制作过程分析

(1)数据挖掘。采集整理专题报告、政府网站数据、互联网数据等，未使用工具软件。

(2)数据分析工具：Excel、MySQL。

(3)可视化工具:Tableau。

6.制作过程中遇到的难点和对策

(1)制作过程中遇到的难点。

如何在文本文件中保存地图动态样式,使用可视化软件制作地理图,要保留动态格式需要网络技术支撑,变成文本格式后就会失去动态效果。在网络技术方面技术欠缺,实现独立作品有困难。

(2)难点解决对策。

希望能够有网络技术相关人员合作。

7.作品创新点解读

从商业利益和粮食安全的视角深入观察并分析了转基因农业的利益集中现象,并对跨国巨头孟山都公司进行了剖析。作品建立在对孟山都公司进行了实地采访的基础之上。

案例二:长春1948:没有寄出的家书

1.作品简介

1948年东北解放战场,长春围城150多天。来自城内国民党守军的2000多封没有寄出的家书被解放军截获,后转入吉林省档案馆保存。2015年7月,为了揭开这段尘封的历史,让后人了解与家书有关的故事,网易新媒体实验室携手智图GeoQ,推出了“长春1948:没有寄出的家书”H5互动地图,呈现出这一批2000多封家书都是寄往何处,分布在全国各省数量。除了让现在的人们追忆历史,以史为鉴之外,更希望能够唤起读者对家书的关注,通过公众的力量,为家书寻找主人,让当时未能如期抵达的思念得以落叶归根。

2.作品选题背景

“长春围城”是东北解放战场极为重要的一次战事。当时,驻守长春的国民党新七军、第六十军、新一军部队等十万守军,在主将郑洞国的指挥下,执行着蒋介石“固守待援”的命令。“烽火连三月,家书抵万金。”长春被围期间,因邮路不通,士兵和市民寄往城外的信件一律被积压。长春解放时,解放军在一架飞机上截获了大量信件,正是这些未能寄出的家书。后来,这些书信被保存在吉林省档案馆,成为沉睡的历史。

多年来吉林省档案馆做了大量工作,但都收效甚微。在这样的困局下,吉林省档案馆与网易新闻客户端进行合作,希望通过网易的“长春1948:没有寄出的家书”专题报道策划,借助网易新闻客户端在互联网用户中的影响力,让更多人了解长春围城背后的那些故事,同时征集家书的寄信或收信人线索。这也是吉林省档案馆首次与大型大众媒体平台进行合作为长春围城的家书寻根溯源。吉林省档案馆承诺,家书主人身份如经确认,即将家书的仿真件或复印件送还。

3.团队组成情况

制作团队包括网易新媒体实验室、智图GeoQ技术团队。

4.作品选题意义

通过H5互动地图的方式,呈现当时的真实情景,并讲述那些家书主人平凡却不平淡的故事。同时,通过专题报道,网易希望引发公众对于长春家书的关注,举社会之力为寻找家书主人提供线索,为当年未完的故事划上完满的句号。

5.作品内容结构

作品结构总体分为前言、地图、信封内容、提供线索共四部分。

6. 作品数据来源

吉林省档案馆。

7. 制作过程分析

(1)数据整理。

数据分析工具为 Excel 2013，将 2000 多封信件的发件人、收件人、发件人地址、收件人地址数据整理为 Excel 表格。同时检查地址准确性，并分类筛选出地址所在省份，方便后面可视化处理。

图 1－33

(2)可视化。

作品的可视化以动态交互地图方式为主。将来自吉林省档案馆的家书信息，使用智图 GeoQ 免费在线制图软件制作了一幅交互地图。通过直观的交互方式，将没有寄出的家书，标注于地图之上，地图可以缩放大小。在地图上，每一个信封代表一封家书，读者点击信封，可以查看家书的详细信息，包括发件人姓名地址、收件人姓名地点。鼠标点击黄色“提供线索”按钮，会发送线索到后台。

8. 制作过程中遇到的难点和对策

(1)制作过程中遇到的难点。

作品的总体制作过程较为顺利，在数据整理上，主要困难是信件年份久远，寄信与收信地址与现今的地址有一些差异，需要综合查询，确定一个准确的归属地。同时，如何将中文地址与地图上的位置进行匹配，也是需要解决的一个问题。此外，信件地址较为集中，如何在地图上显示清楚而又不乱，是可视化设计上需要解决的。

(2)难点解决对策。

面对这些问题和难点，团队成员对数据进行逐条梳理，确认信件地址，梳理成合适的数据格式。同时，使用 GeoQ 的中文 Geocoding API，将地址匹配到地图上，并利用 GeoQ 地图可视化工具的聚合模版，将同一地点的信件进行聚合处理，在全国尺度的地图上，信件以省份聚合，显示每省份的信件个数，点击省份，则显示各市区的信件个数，如此处理，解决了信件地址集中的可视化效果。

第 4 节 财经类数据新闻案例

案例：不忍直视！你被平均了吗？

1. 作品简介

国家统计局发布了新一年我国城镇“非私营单位就业人员年平均工资”的数据之后。又引发了一轮“工资被平均”的热议！甚至有网友大呼：“又被平均了！”在全国地区收入差距较大的大背景下，同一笔工资，在西部能过上安乐翁的生活，但在北京、上海却只能蜗居，紧巴巴地过日子。

图 1－34

2. 团队成员介绍

制作者为广州日报社全媒体中心。

3. 作品选题意义

在如此高关注的焦点下，哪些行业收入最为可观？在哪个地区工作收入又是最高？目前我国工资收入差距情况到底是怎样一种情况？没错，这些都是你的好奇心在喊你看工资水平！下面一系列的权威数据图将会很好地满足你的好奇心，快快看来！

4. 作品内容结构

part1：全国平均工资你的在哪？

全国平均工资你拖后腿了吗？看看各省份最低工资能否让你找回自尊心！

part2：你高于最低标准工资了吧！

三百六十行，行行是否出土豪？如今，金融业已成为引领土豪行业的挖金业，下图将会告诉你还有哪些土豪行业！

part3：看到大土豪行业了吗？你在里面吗？

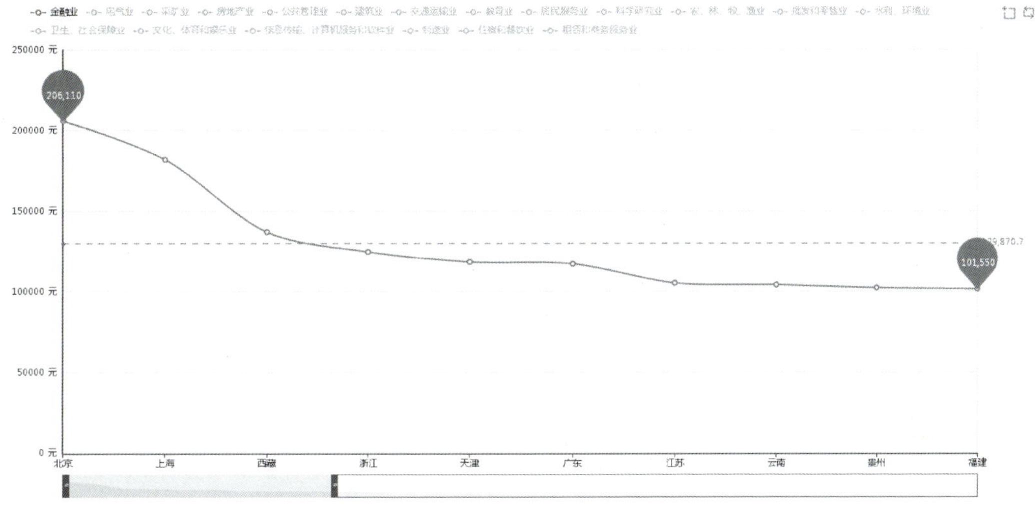

图 1-35

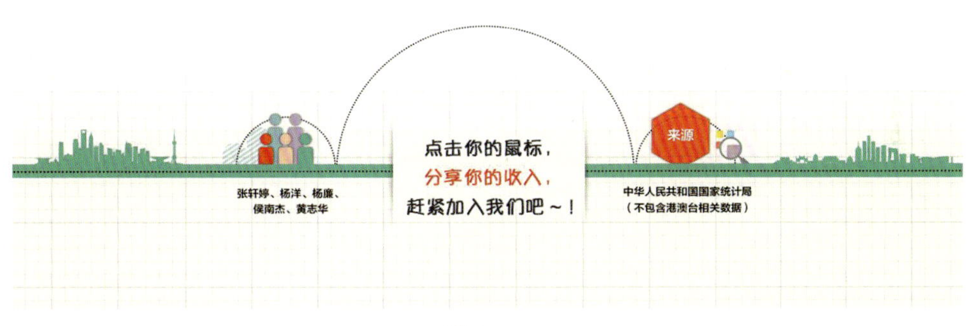

图 1-36

5. 作品数据来源

中国统计局（不含港澳台）。

6. 制作过程分析

（1）数据挖掘。

数据是数据新闻呈现的关键步骤，从数据工作坊的培训当中学习到获取数据的一些官网信息。这些信息在平时都很难接触到，政府的公开信息、第三方信息等都是获取数据很好的方式。

在进行寻找获取工资水平的相关数据中，遇到了困难，在寻找各个省份平均工资的数据中发现，有个别省份并未公开，同时很多省份的数据都是2013年的，同时还遇到了数据不可靠的情况。如此想要呈现2014年的各省份的平均工资的愿景破灭且忽略了一个中国重要信息公布的网站——国家统计局，当在网站中寻找发现，2013年各省份的平均工资十分完整。但由于缺乏2014年的数据，决定使用2013年的数据。

(2)数据分析。

由于数据的信息较为完整，运用Excel透视表对数据进行了整理归类。根据清晰的数据再次确认数据新闻点，哪些数据是可以支撑你的新闻点，并做整理。成员在寻找新闻点的过程中，在现有数据的基础之上，首先获得全国各行业平均工资水平、各省份平均工资水平、全国最低标准工资三组数据，成员依据所获取到的数据寻找到三个维度的新闻点。根据新闻点，写作新闻文案，数据新闻的新闻文案与一般新闻相比有着很大的不同，首先需精简，让受众一目了然在可视化图中得到的信息；其次，需要根据选题写作不同风格的文案，如小组的选题是工资水平，贴近民生，在文案写作的过程中，需有趣地呈现。

(3)可视化。

成员由于缺乏能够编程的人员，因此在可视化的过程中遇到了困难。许多可视化的想法由于不会编程而无法展现，比如，输入一个数字，就可呈现你的工资水平居于何位置，但最终，只能运用简单的可视化形式展现。成员基本不会编程，在可视化的过程中，所用到的是Tableau、Echarts。运用Tableau制作了全国各省份最低工资标准的可视化地图。运用Echarts制作了全国各省份平均工资以及各行业平均工资的交互折线图(在制作过程中需运用Java Script语言进行代码的改写)。

7. 制作过程中遇到的难点和对策

(1)制作过程中遇到的难点。

①由于国家公布的信息数据较为陈旧，2013年的信息较为完整，2014年信息数据较为缺乏，因此选择2013年的数据作分析。

②小组人员对编程技术不是很精通，可视化呈现部分稍显单薄。

(2)难点解决对策。

运用Echarts做代码的调整。

8. 作品创新点解读

行业平均工资可视化图，较为完整地展现互动效果。

第5节 政治、时事类数据新闻案例

案例一：Visualize Air Crashes From 1987 to 2015(APR)

图 1-37

1. 作品简介

近年民航飞机意外事件多发，从 2014 年 3 月马来西亚航班失事到近几年的多起航班失事事件，都引起了媒体与人民广泛的关注。就此，小组成员希望能完成一个关于民航客机失事的数据可视化网站，从其失事地点、事件、航空公司、飞机型号分析，找出关于这些失事客机的共性。

2. 团队成员介绍

团队成员三人，一人为 Nielsen (HK)的数据分析师，一人为香港城市大学媒体与传播系研究助手，另外一人为 Alfaxmedia Ltd. in Hongkong 多媒体设计师。

3. 作品选题意义

希望通过本次数据新闻的研究学习，能够引起更多人对于航空安全的关注，不仅是普通乘客，也包括一些从业人员以及相关制造商。同时，也希望大家能够更加理性地去看待、分析空难事件，并能从结论中得到帮助，在之后的出行中选择最适合自己的航空公司、客机和时间，减少意外发生。

4. 作品内容结构

通过收集 1987—2015 年(4 月)近 800 起空难的相关数据，分析得出空难发生的位置、时间、死亡人数和死亡率、载客机型以及空难原因等，并根据已有的数据进行了事故原因和机型、运营公司等类别的对应分析，进一步解释了空难成因。

网页结构：

home page：导语、飞机失事地点地图、结论。

page 1 statistics：关于失事飞机数据展示，包括时间线、意外阶段、白天或黑夜、飞机制造商和机型等。

page 2 reasons：统计多起客机意外发生的原因。

page 3 analysis：对应分析。

about us：作者信息和参考网站。

5. 作品数据来源

作品需要的数据主要来源于以下网站：

http://aviation-safety.net/index.php

https://www.gov.uk/government/organisations/air-accidents-investigation-branch

http://www.jacdec.de/category/accident-news/

http://www.intlaviationstandards.org/apex/f

p=240:1:10636682694989

6. 制作过程分析

(1)数据挖掘。数据挖掘用到的工具主要有 Microsoft Excel 2013、SPSS 21.0、Tableau。

(2)数据分析。数据分析用到的工具主要有 Microsoft Excel 2013、SPSS 21.0。

(3)可视化。工具主要有 Tableau、infogr.am、Photoshop。

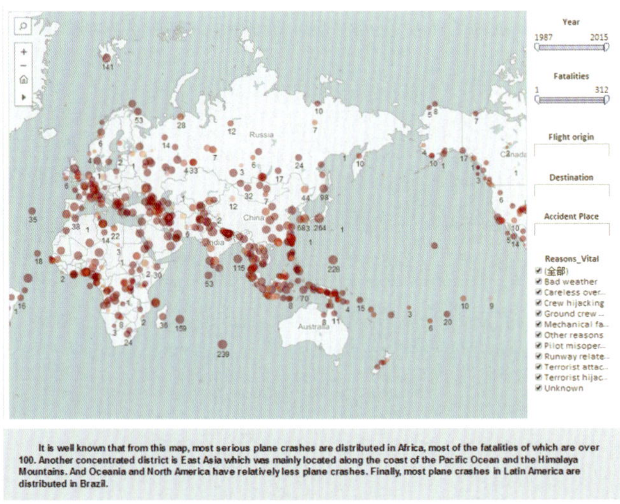

图 1-38

图 1-39

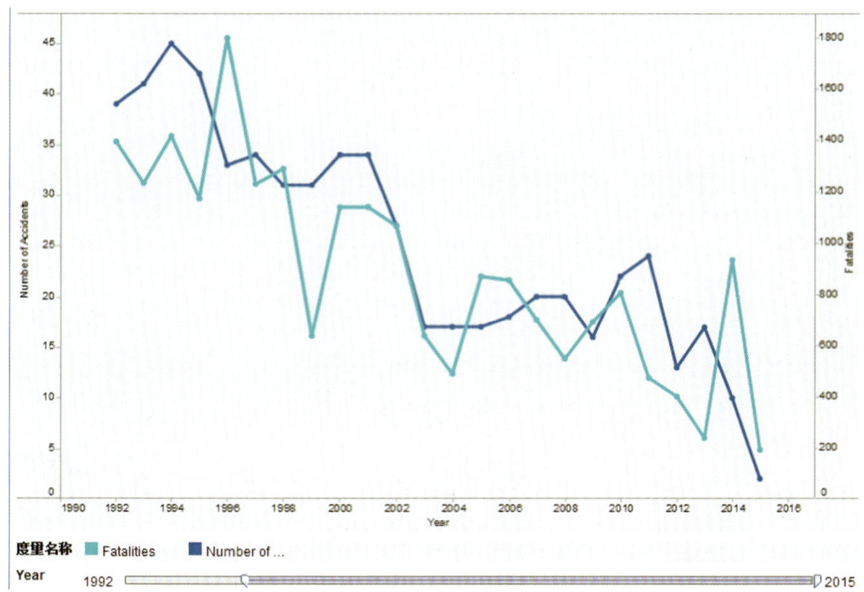

图 1 - 40

Which Phase is air crash?

According to the definition from ICAO (International Civil Aviation Organization), different phases of flight are divided into 7 stages. And from this graph, we can easily find that air accidents were much more likely to happen in en route and approach stage, in which around 70% of all accidents occurred. However, the highest mortality rate happened during climbing, while severe accidents also took place in approaching. And since larger aviations seldom met problems during these two processes and the whole number of passengers is far more than smaller ones, the mortality rate is much lower than we imagine.

Accidents and Fatalities by Phase of Flight

	Standing, Load/unload, Parking	Taxi	Take-off	Climb	En route	Approach	Landing
Mortality Rate	10.74%	23.07%	56.23%	86.14%	45.34%	80.63%	26.68%
The percentage of accidents took place	1.00%	0.38%	13.28%	1.88%	36.67%	34.33%	10.91%

Percentage may not sum up to 100% due to missing data of some air crash accidents.

Create a Wi

图 1 - 41

图 1 - 42

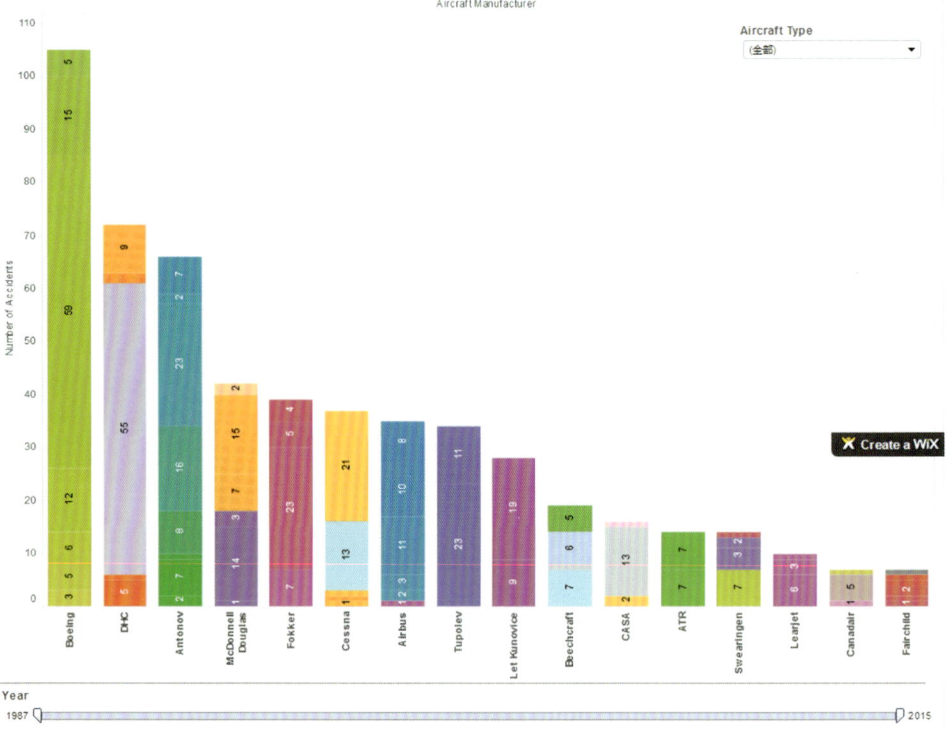
Aircraft Manufacturer
Aircraft Type
(全部)
Number of Accidents
Boeing
DHC
Antonov
McDonnell Douglas
Fokker
Cessna
Airbus
Tupolev
Let Kunovice
Beechcraft
CASA
ATR
Swearingen
Learjet
Canadair
Fairchild
Create a WiX
Year
1987
2015
The bar chart shows the number of air crashes in each Manufacturers of Commerial aircraft. These are the top 16 Manufacturers of Commerial aircraft of which had most air crash from 1987 to may 2015.And the aircraft' types of these Manufacturers were also divided into each of thier bars. Obviously, crashed airplanes from Boeing occupied the largest proportion: 19.9%, and 105 times, followed by DHC and Antonov, with 72 times and 66 times respectively. And other manufacturers are Fokker, Airbus, ATR, Beechcraft, Canadair, CASA, Cessna, Fairchild, Let Kunovice, McDonnell Douglas, Tupolev and Swearingen.It is not known that whether they are the most dangerous aircraft's manufacturers, but you cannot doubt that most of them are famous, and have large production of commercial plane every year.

图 1－43

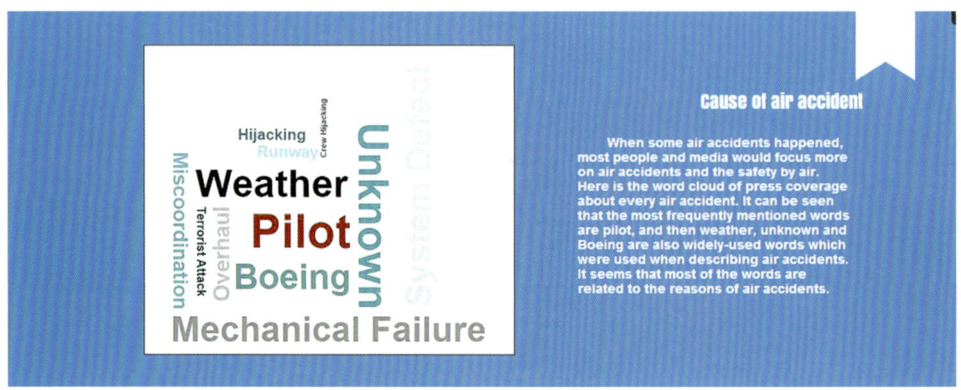
Hijacking
Runway
Crew Hijacking
Weather
Unknown
Miscoordination
Terrorist Attack
Overhaul
Pilot
Boeing
System Defect
Mechanical Failure
Cause of air accident
When some air accidents happened, most people and media would focus more on air accidents and the safety by air. Here is the word cloud of press coverage about every air accident. It can be seen that the most frequently mentioned words are pilot, and then weather, unknown and Boeing are also widely-used words which were used when describing air accidents. It seems that most of the words are related to the reasons of air accidents.

图 1－44

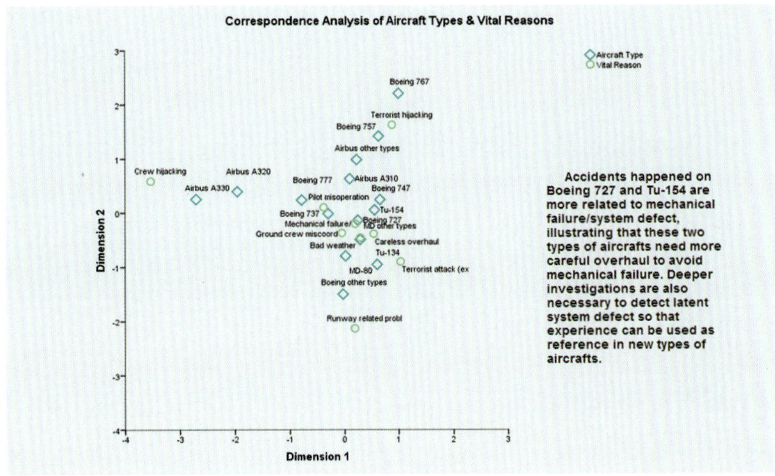

图 1－45

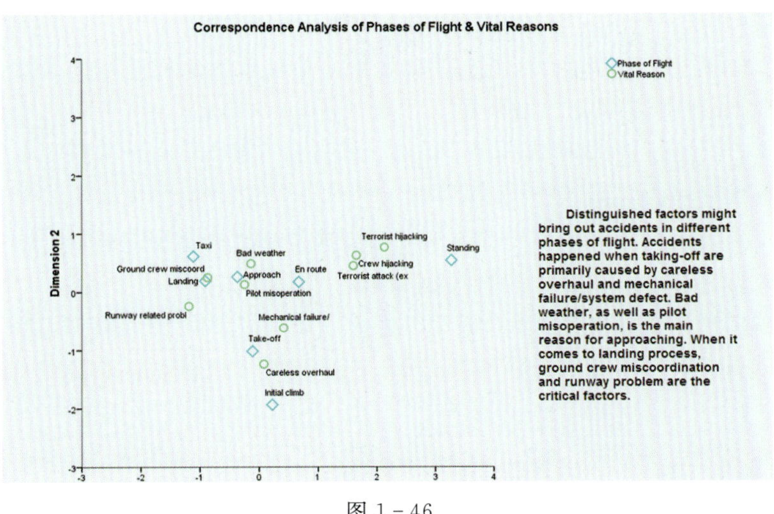

图 1－46

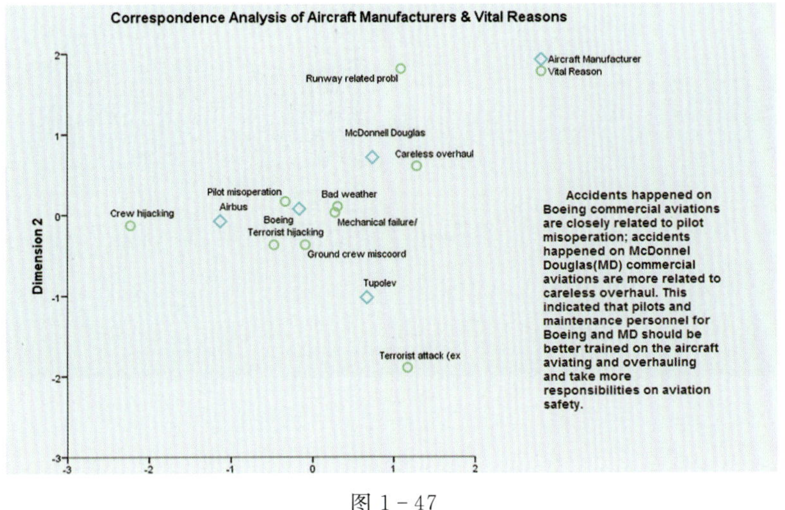

图 1－47

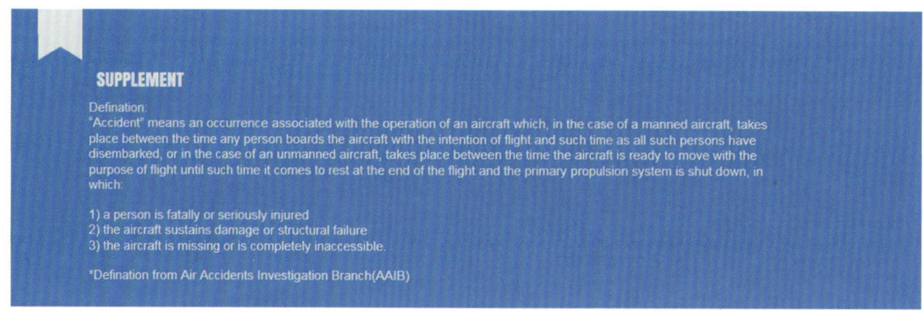

图 1-48

7. 制作过程中遇到的难点和对策

(1)制作过程中遇到的难点。

1987—2015 年(四月)之间民航客机飞行事故相关数据量较大,部分较早事故相关信息缺失,飞机失事致命原因的编码信度。

(2)难点解决对策。

在正式进行编码之前,分别从 1989、1998 和 1997 年中抽取 5 起商业客机飞行事故进行编码表的信度测量。同时,三位编码员还共同观看了五集《Air Crash Investigation》中对于重大事故的原因总结并对其进行讨论分析。最终根据 Holsti 信度公式得到的编码员间平均信度为 9.64%。

8. 作品创新点解读

将民航客机事故的相关内容进行可视化操作,使读者能够更加清晰、直观地看到近二十年间客机事故的地点分布、机型、死亡人数等抽象概念。

多种民航客机意外数据集合,除传统大飞机外还加入了小飞机的数据,更符合当前世界飞行器生产主流。同时对出事客机做了对应分析,包括失事飞机机型以及运营公司原因,使数据现实意义更明显。

案例二:甲午轮回

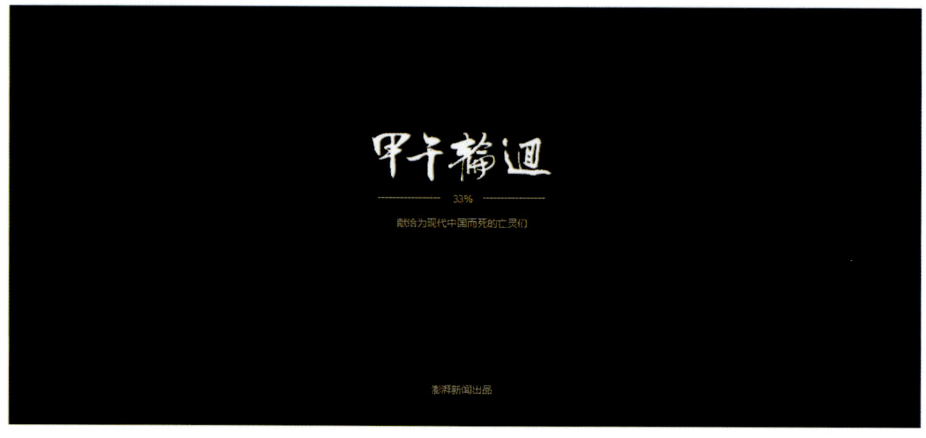

图 1-49

1. 作品简介

甲午战争爆发120周年之际，全景式展现战争前后中日双方的战力和其他情况。运用全景360、3D建模、数据可视化等技术手段，搭配历史图片表现主题。

2. 团队成员介绍

出品方为澎湃，总策划为长河。

3. 作品内容结构

以全景360的海战现场还原引入，接着按照战前、战中、战后三个板块，运用数据可视化、历史图片、3D模型对比等方式展示甲午战争。

图 1－50

图 1－51

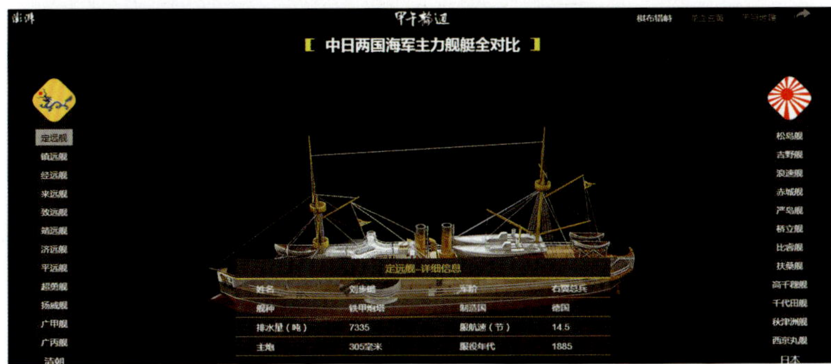

图 1－52

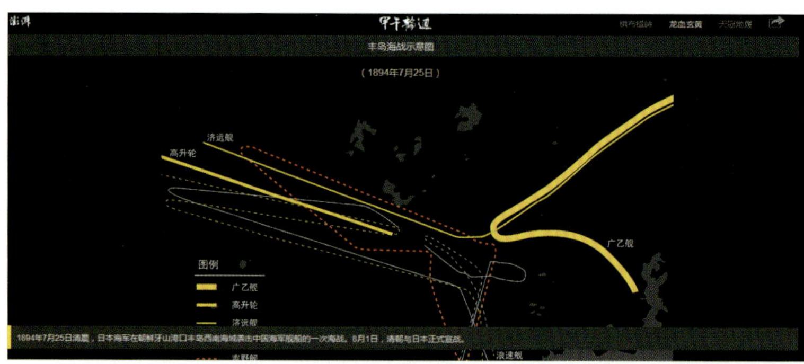

图 1－53

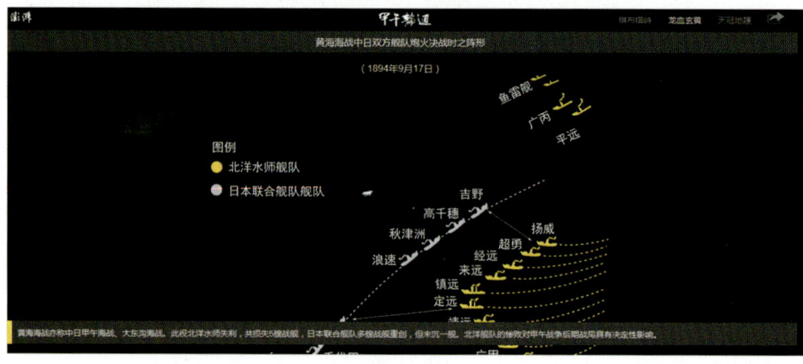

图 1－54

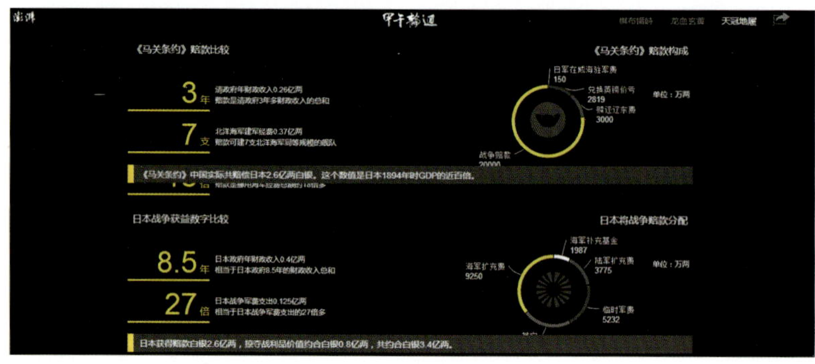

图 1－55

4. **作品数据来源**

《北洋海军舰船志》、《清末海军舰船志》、《中日甲午战争全史》、中国甲午战争博物馆、日本国会图书馆。

5. **制作过程分析**

(1)数据分析。主要运用 Excel 进行数据分析。

(2)可视化工具。主要工具有 D3、krpanel、jquery. reel. js。

6. **制作过程中遇到的难点和对策**

(1)制作过程中遇到的难点。

结构化信息与多媒体呈现，历史书籍数据散乱，且多为定性资料，多媒体元素繁多，对网页优化提出要求。

(2)难点解决对策。

①将历史数据资料按照一定的字段进行梳理,将信息结构化。

②针对 PC 端与手机端配置不同的内容和素材尺寸,比如手机端中只展示了中日主舰的对比,而 PC 端展示了 24 艘船的对比。

7. 作品创新点解读

运用全景 360、3D 建模、数据可视化等技术手段,搭配历史图片表现主题。

案例三:城伤一瞬——那一夜,历史被这样记录

图 1-56

1. 作品简介

新浪新闻中心独家策划的这件作品,以 2015 年 8 月 12 日的天津爆炸事件为主题,通过对 8 月 12 日 22:57:43 至 8 月 13 日 06:59:33 的爆炸点周围的微博数据进行抽样,并运用地图、时间轴等可视化方法进行展示,试图从另一个角度去纪录当夜的情况,通过网友的亲身经历和只言片语,还原出真实的天津港爆炸事件。

2. 作品选题背景

2015 年 8 月 12 日 23:30 左右,天津滨海新区第五大街与跃进路交叉口的一处集装箱码头发生爆炸,发生爆炸的是集装箱内的易燃易爆物品。现场火光冲天,在强烈爆炸声后,高数十米的灰白色蘑菇云瞬间腾起。随后爆炸点上空被火光染红,现场附近火焰四溅。爆炸点附近近千户居民受到程度不一的影响,有的居民住所被爆炸冲击成了一片疮痍,有的居民被爆炸震碎的玻璃等物伤害,有的居民被爆炸声吓醒而受到心理创伤……这一切发生在短短的一瞬间。

3. 团队组成情况

制作团队包括新浪新闻中心的一名策划统筹,一名产品经理,两名设计师,一名前端技术,以及智图 GeoQ 技术团队的两位地图数据外包公司的技术人员,作者为 Weis、付玉、王岑、刀客等。

4. 作品选题意义

与新浪微博数据支持部门展开合作,利用平台级产品微博的用户数据进行分析和整合,基于地图的展现形式,让受众直面爆炸事件直接波及到的房屋受损情况以及波及到的人员感受。在灾难报道中,灾难事故尚未定性、死伤人数未公开以及爆炸原因未公开的情况下,“人的感

受”是最稳妥也是最直接的情绪点。微博用户相当于事件中最早最直接的“记者”，通过博文描述的种种信息，可以带领观看产品的用户直接体会到爆炸发生时的感受，且用“受众自己的信息源”去整合信息，不再是新闻报道中冷冰冰的新闻以及点蜡祈福一样的假大空。

5. 作品内容结构

作品结构总体分为前言、地图两部分。产品包含微博用户在爆炸事件发生时的微博博文、发表微博的地理位置。

6. 作品数据来源

新浪微博数据中心。

7. 制作过程分析

(1)数据挖掘。

通过提交爆炸事件的关键词，对新浪微博的数据进行筛选。

初步符合关键词的数据包括微博用户 ID、该用户博文内容、该用户地理位置的经纬度、该博文中所包含的图片地址。

(2)数据整理。

数据分析工具为 Excel 2013。通过去除无效博文、无关博文，进一步确定博文的内容与爆炸事件本身的相关性。通过爆炸事件本身发生的经纬度信息，最后对数据进行精确处理，去除掉距离爆炸点更远的数据。新浪微博数据导出后，通过经纬度，筛选出爆炸中心点周围的数据，并删除重复转发微博数据。

(3)可视化。

作品的可视化以时间轴播放地图方式为主。使用来自新浪微博的爆炸点周围的抽样数据，借用智图 GeoQ 免费在线制图软件制作了一幅时间轴地图。将天津爆炸事件中，爆炸点周边所发的微博标注于地图之上，地图可以缩放大小。在地图上，一个红点代表一条微博，读者拖动其下方的时间滑动条，可以动态地见到爆炸发生时不同时段不同人的微博。鼠标点击红点弹出的窗口则有关于微博内容、发送时间的详细说明。

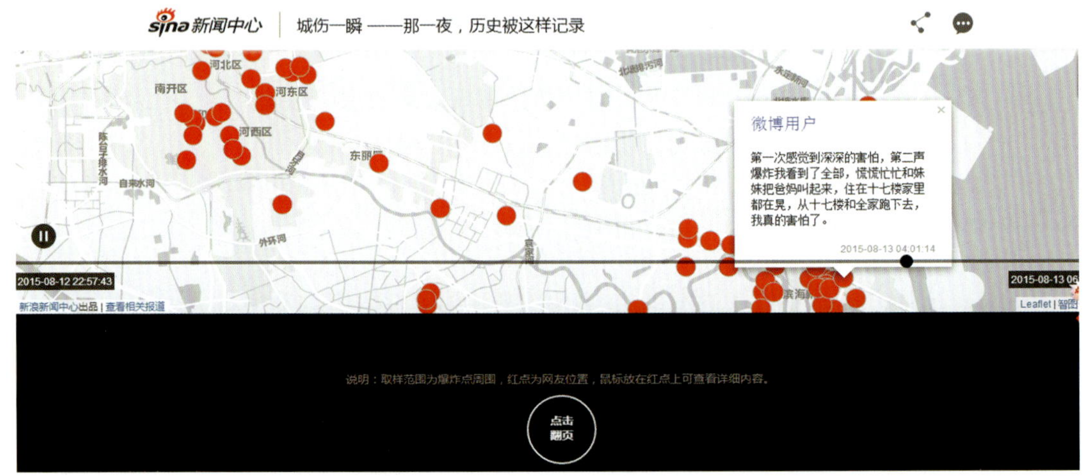

图 1-57

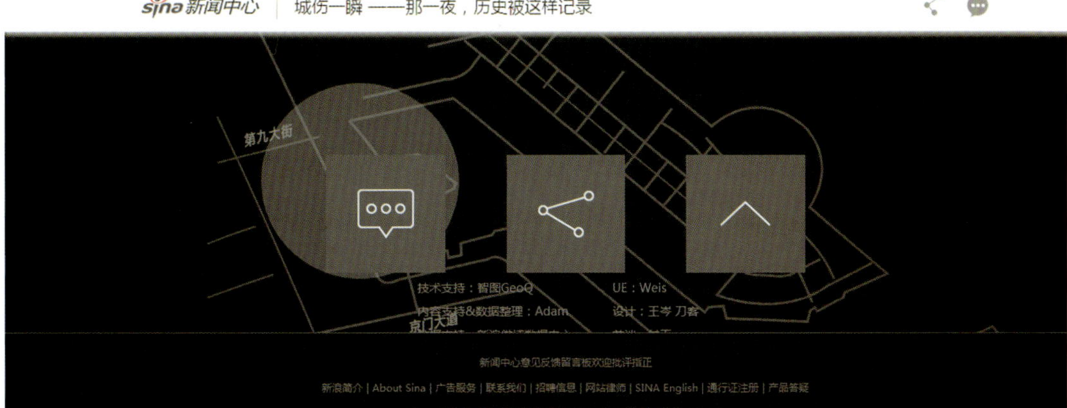
sina新闻中心
城伤一瞬 ——那一夜，历史被这样记录
第九大街
技术支持：智图GeoQ
UE：Weis
内容支持&数据整理：Adam
新闻中心意见反馈留言板欢迎批评指正
新浪简介 | About Sina | 广告服务 | 联系我们 | 招聘信息 | 网站律师 | SINA English | 通行证注册 | 产品答疑
Copyright © 1996-2015 SINA Corporation, All Rights Reserved

图 1－58

晚上10:10
中国移动 4G 30%
城伤一瞬：那一夜，...
sina新闻中心
城伤一瞬
那一夜 历史被这样记录
8月12日夜，天津港，举国不眠；
爆炸的瞬间在这一刻被永远铭记；
我们试图通过网友的亲身经历和只言片语，
为你，还原出真实的天津港爆炸事件。
说明：取样范围为爆炸点周围，红点为网友位置，点击可查看详细内容。
微博用户
塘沽开发区爆炸，我们没事。但是九号线停运，公交车炸毁，公司也受到影响。在家坐等消息
2015-08-13 06:59:33
2015-08-12 22:57:43
点击翻页
2015-08-13 06:59:33
新浪新闻中心出品 | 查看相关报道
Leaflet | 智图GeoQ
晚上10:09
城伤一瞬
那一夜历史被这样记录
分享
重新阅读

图 1－59

8. 制作过程中遇到的难点和对策

(1)制作过程中遇到的难点。

作品的总体制作过程较为顺利,遇到的主要困难是如何将大量微博数据标注在地图上,并按照时间先后顺序,以时间轴方式播放。

由于数据量过于庞大,且查找的是微博用户的博文内容,需要与爆炸事件相关,博文内容中相似的内容过于庞大,在有限的制作时间里只能依靠编辑人工去筛选和整理,所以这一块需要的时间过多。

(2)难点解决对策。

面对这些问题和难点,团队成员利用 GeoQ 地图可视化工具的时间轴模版,将微博数据标注在地图上,并采用时间轴的方式进行播放,每条数据点击可弹出信息框,显示微博文字内容。同时考虑到数据量较多时,播放时间过长,挑选出具有代表性的微博内容,在播放时弹出信息框,其他微博内容用户可通过交互方式点击查看。通过 Excel 的筛选功能,初步去除掉大量无效博文后,通过与新闻中心的编辑合作,有效地缩减了筛选数据的时间。

9. 作品创新点解读

在我国,很少新闻产品与社交平台的用户进行直接合作,在这方面,新浪具有得天独厚的条件。在突发新闻事件发生的时候,最直接参与的就是新闻事件本身的见证者和亲历者,利用社交平台的数据,可以第一时间获取到这些有效信息,通过整理和挖掘,深度还原突发事件本身对“人”的直接影响,增加受众的同感,并获取巨大的影响。

案例四:全球恐怖袭击地图

图 1-60

1. 作品简介

作品是基于 2015 年 11 月 13 日“巴黎恐怖袭击事件”后,恐怖袭击活动日益增多,成为当下社会关注的焦点问题之一。作品将GTD全球恐怖主义数据库中关于遭受恐怖主义袭击的国家及被袭击的次数进行整合处理，做成一个交互式的动态数据新闻地图，可以清晰地通过各个国家和地区在不同颜色深度展示受到袭击次数的多少，也可点击不同国家便会出现交互的界面显示所收到袭击的具体次数、死亡和受伤的具体人数及受到恐怖袭击的主要事件。为读者提供了一个更系统和直观的对于恐怖袭击事件的数据查阅方式。

全球恐怖袭击数据

国家/地区	恐怖袭击事件数	死亡人数	受伤人数
中国	225	875	1732
厄瓜多尔	214	53	65
海地	212	329	300
格鲁吉亚	211	277	380
南斯拉夫	205	120	281
马里	199	571	534
塔吉克斯坦	181	292	1099
科索沃	178	83	361
巴林	163	32	139
卢旺达	157	3234	914
中非共和国	153	1023	437
波斯尼亚和黑塞哥维那	153	75	144
纳米比亚	144	208	317
埃塞俄比亚	143	1371	1035
比利时	142	41	238
葡萄牙	139	[illegible]	[illegible]

数据来自：GTD全球恐怖主义数据库

全球恐怖袭击数据

国家/地区	恐怖袭击事件数	死亡人数	受伤人数
利比亚	1098	983	1553
孟加拉国	1049	1039	7192
叙利亚	980	6447	6810
乌克兰	944	1408	1328
尼泊尔	876	1963	2028
阿根廷	803	489	753
印度尼西亚	686	1173	2378
伊朗	658	1588	4046
德国	598	55	508
西德（联邦德国）	541	95	862
苏丹	530	3409	1451
安哥拉	492	3036	2044
墨西哥	480	744	667
肯尼亚	446	1435	5886
布隆迪	407	3888	1894

数据来自：GTD全球恐怖主义数据库

图1-61

2.作品选题背景

2015年11月13日晚，在法国巴黎市发生一系列恐怖袭击事件，造成至少132人死亡。此后，法国本土和科西嘉岛进入紧急状态，世界各国纷纷谴责恐怖袭击。恐怖袭击再次成为全世界的焦点话题。

全球恐怖袭击数据

国家/地区	恐怖袭击事件数	死亡人数	受伤人数
法国	2580	269	1558
索马里	2482	5276	5304
黎巴嫩	2374	3891	10372
智利	2336	226	749
尼日利亚	2251	13158	5281
俄罗斯	2081	4161	7245
危地马拉	2050	5167	1231
以色列	2016	1638	7365
尼加拉瓜	1970	10598	1731
南非	1969	2664	4588
也门	1929	4123	4212
西岸和加沙地带	1751	1263	2623
意大利	1540	407	1176
埃及	1218	1550	2518
希腊	1169	257	722

数据来自：GTD全球恐怖主义数据库

图1-62

3. 作品选题意义

根据 GTD 全球恐怖主义数据库，无界新闻记者搜集了一定时间范围内的恐怖袭击事件数、发生国家、死亡人数、受伤人数等数据。借此勾勒出一个较为完整的全球恐怖袭击分布地图，将恐怖袭击进行分类整理与量化，为读者提供一个更系统的查阅方式。

4. 作品内容结构

作品为 H5 手机交互模式。

其中包括恐怖袭击全球地图、恐怖袭击事件数、发生国家或地区、死亡人数、受伤人数。

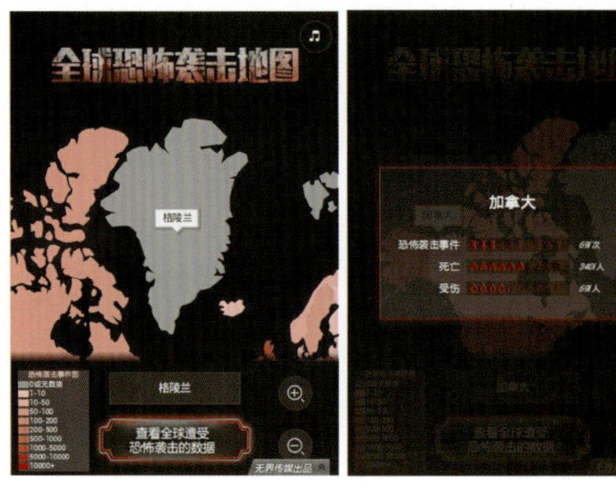

图 1-63

5. 作品数据来源

恐怖主义地图、国家、死亡人数、受伤人数等数据来自 GTD 全球恐怖主义数据库。恐怖袭击事件介绍来自新华社等报道。

图 1-64

7. 制作过程分析

(1)数据挖掘。

作品基于 GTD 全球恐怖主义数据库,选取各国数据,并根据数据大小绘制条形图。

(2)数据分析。

根据各国恐怖袭击数量和伤亡人数进行分类,并用不同颜色做以标记。

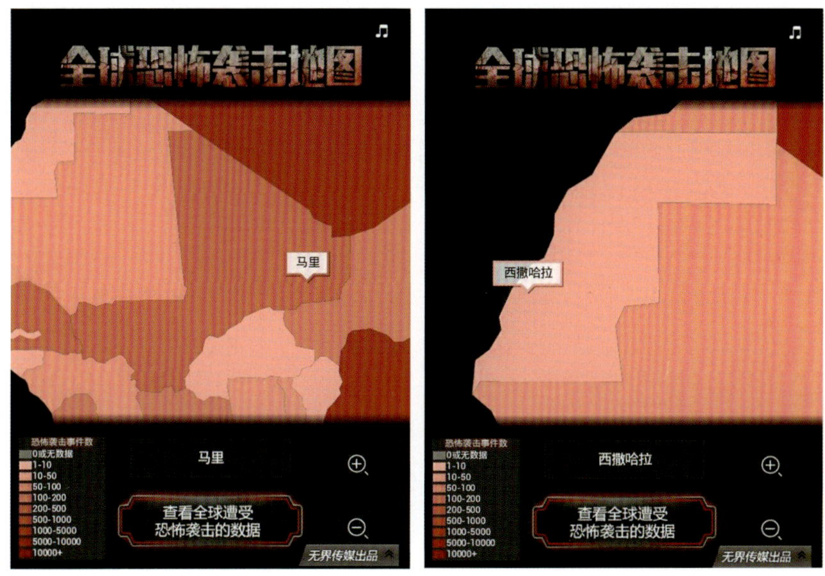

图 1 - 65

(3)可视化。

作品通过 H5 编程实现,可以根据画面提示点击不同国家,查看相应的恐怖袭击信息。

图 1 - 66

8. **制作过程中遇到的难点和对策**

(1)制作过程中遇到的难点。

作品的制作难点主要是将数据库里的国家与地图相对应。由于数据库跨时较长,期间有些国家名称有变更。

(2)难点解决对策。

面对这些问题和难点,制作团队采取人工筛查的方法,确保地图与数据库信息相符。

9. **作品创新点解读**

恐怖袭击很多媒体都做过报道,但是对于恐怖袭击的具体情况或者袭击过的国家及伤亡情况,焦点地区都不太明了,此次作品巧妙地将数据库与地图相结合,并且利用 H5 交互软件制作加入交互部分,让读者可以更加直观地了解全球恐怖主义分布及各国详情。

第2章 静态篇

静态类的数据新闻几乎是传播渠道最广的数据新闻形式，不仅在互联网和移动互联网中可以方便地传播，即使在纸媒中也有广泛的应用途径。使用静态的可视化图片进行数据相关的新闻报道，为新闻的呈现提供了新的思路，在一定程度上创新了传统的新闻生产和新闻传播，拓宽了传统新闻的报道模式，同时可视化的呈现又增加了新闻的可读性，多种手段的呈现形式也提高了受众观看时的趣味。因此，数据新闻的未来发展中一定有静态类数据新闻的一席之地。

第1节　静态类数据新闻的特点及应用

新闻报道形式自身的不断发展及图片、影像等视觉信息制作成本的下降从根本上加速了文字语言文化向视觉文化转变的历程，而静态的图形、图片无论在传统纸媒还是各种新兴媒体之上都已经成为“以图载道”进行传播的常规武器。搭着这趟顺风车的静态类数据新闻自是在近几年的新闻行业内赚到了盆满钵满的关注，但这又不是一种偶然。各种各样的新闻题材、诸多重大事实报道过程所要求的制作速度快、平台要求低的新闻制作特点，以及静态图形对这种要求的最高的贴合才会使得静态类的数据新闻发展这样的顺风顺水，这不仅仅是制作者也是最大用户群的必然选择。当然，在如今不断发展的数据新闻之中，随着用户需求的不断变化，各种新的可视化样式的静态数据新闻形式也将不断涌现，人们在阅读这类新闻时将会越来越青睐更友好的图表表现方式，通过图表来获得视觉信息，并获得感官上的享受。

在当今数据新闻发展的大环境下，追根溯源当是以静态图形为主的早期计算机辅助报道开始。1978 年美国的《时代》周刊雇佣了奈吉尔・霍姆斯，他将文字说明与图表巧妙地结合在一起，创造出了最早的静态类的数据新闻，开创了数据新闻运用的先河。接下来从 1982 年创刊的《今日美国》则将数据新闻图表的使用推上一个新的高度(甚至可以说《今日美国》的成名就是因为其对静态数据新闻图表的大规模运用，如该报使用新闻图表来制作的天气预报图，直到今天仍然还是很多媒体模仿的对象)到目前《卫报》《纽约时报》《华盛顿邮报》等多家国际知名媒体将之视作传统媒体转型的重要尝试。国外的主流媒体和一些独立新闻机构都开始组成了专业的团队，将静态数据可视化技术应用于新闻报道，运用静态数据技术来抓取、过滤、分析错综复杂的数据信息，并以静态数据形式呈现数据分析的结果。

当然，作为先行者，静态数据新闻逐步走进人们视野也是始于《卫报》。《卫报》作为数据新闻的开拓者，它的数据博客中的优秀数据新闻作品向人们很好地诠释了数据新闻的前景，《卫报》现也已成为数据新闻的大成者。在数据新闻探索实践方面较为成熟的媒体还有美国的《纽约时报》，它的 The Upshot 栏目发布的很多作品都非常优秀，且在业界产生了巨大影响。除了主流传统媒体进行有关于静态数据新闻实践的尝试外，一些其他机构以及相关媒体及独立个人和工作室也在进行着有益的尝试。

在创意方面，对于制作相对容易的静态类数据新闻，国内各大主流媒体基本都有所涉及。一般情况下由于网页横向呈现的版面空间大小有限，所以几乎所有在网络上进行传播的静态类数据新闻都是宽度一定、长度不限的长图。因此，静态图表的样式设计会直接影响到作品的受关注程度。一般而言，图形颜色排版越新颖，受关注程度也就越高。所以静态类的数据新闻图表设计一般都具有较好的直观性，相对简洁视觉冲击力也较大。

根据目前国内各主要媒体的数据新闻作品创作现状，以新华网的数据新闻作品为例主要分别为时政类、财经类、国际类、社会类、科普类和感悟类以及交互类等七大类，观察 2014 年新华网数据新闻的整体趋势来看，发现与 2013 年相比，无论是整体数量还是单类别数量上，都有增加。新华数据新闻由 2013 年的 161 条上升为 2014 年的 339 条，增长了一倍之多，单类别数据新闻数量 2013 年社会类最多，达 61 条。而 2014 年则是以时政类最多，达到 123 条，社会类仅次于时政类，有 107 条。财经类和感悟类数据新闻数量变化最大，财经类由 2013 年的 2 条增加到 2014 年的 40 条，而感悟类则是由 2013 年 31 条降至 2014 年的 15 条，这是唯一一类数量减少的数据新闻。由此可见，应用于静态数据新闻的题材正在不断地被发掘出来，会有更多的新闻被应用于静态数据新闻。

较之交互性的数据新闻作品，无论是在应对突发性新闻时的快捷，还是程序开发、视觉呈现、后期维护方面的较高的技术门槛，静态类的数据新闻的信息图表制作起来方便简单，且工具大多为设计师所常用，学习成本较低。从两者的功能和效果以及目前的趋势来看，静态类的数据新闻类型依然会是未来一段时间内国内数据新闻作品的主要表现形式。

第 2 节　时事类数据新闻案例

案例：南方都市报“两会”报道

1. 作品简介

在大数据的背景下，2014 年的“两会”新闻报道，《南方都市报》走出了一条新闻报道数据化、可视化的新方向。其数据新闻报道组全面利用大数据的威力，在数据的纵向挖掘和横向对比上都做出了很大创新，产生了一批优秀的报道和版面，这对于大数据时代如何利用数据做好新闻报道的数据化、可视化来说可作为一个范本加以研究、探讨。

2. 作品选题背景

每年的“两会”报道都是各家报纸年度新闻报道中非常重要的一环，在同题竞争的情况下做出差异化的新闻，在新媒体环境日益成熟的环境下如何和新媒体抢受众，在复杂深奥的政府报告中如何做出受众喜闻乐见的版面，这都是摆在所有传统媒体面前的挑战。

3. 团队组成情况

“南都两会数据报道组”，还设有专职的统筹采编，更是与凯迪数据研究中心、南方舆情研究院等单位开展合作，多方面获取数据信息。

4. 作品选题意义

当下的新闻传播环境中，由于新媒体的普及，信息传播速度越来越快，加上有些媒体从业人员的素质等因素作用，新闻报道之间的同质性程度越来越高，独家新闻越来越少。但是，海量的大数据却给新闻报道带来了无限的可能性，媒体从业人员可充分利用数据库挖掘相关信息，通过信息的排列、组合得到灵感，拓展原有新闻报道的广度和深度，从而写出独到的新闻。

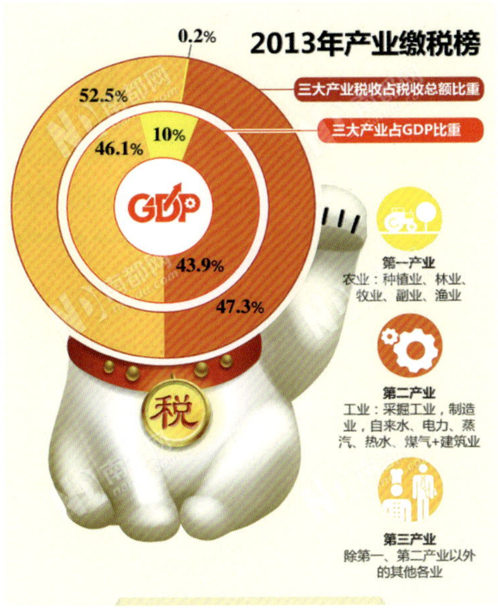

图 2-1

5. 作品内容结构

在全国“两会”召开的3月3日至3月13日期间内，《南方都市报》共刊发了约110个“两会”报道专版，共计约200篇相关报道。报道聚焦政府工作报告，汇集了社会养老、单独二胎、雾霾和楼市等很多社会热点内容。

6. 作品数据来源

其发表的新闻报道的资料来源于历届全国政协常委会报告和全国两会会议资料，还有少量来源于历届政协发布会的文字直播、国际货币基金组织(IMF)《世界经济展望》报告、中国官方数据 IISS《2014 军力平衡》报告、媒体公开报道、公安部门汇集的相关数据等二手信息。

图 2-2

7.制作过程分析

(1)数据挖掘。

成立专门的“南都两会数据报道组”,多途径获取数据。此次面对大数据时代下的“两会”报道,《南方都市报》不仅成立了专门的“南都两会数据报道组”,还设有专职的统筹采编,更是与凯迪数据研究中心、南方舆情研究院等单位开展合作,多方面获取数据信息。

(2)数据分析。

通过与凯迪数据研究中心等机构的合作,南都“两会”报道组将这些看似没有关系的数据加以整合,排除一些完全不相关的数据,从而产生了一篇篇优秀的数据新闻报道和一个个优秀的新闻可视化版面。

(3)数字逻辑代替传统的文字报道,增强客观性。

获取数据只是最基础的一步,在排除一些不必要的、干扰性的数据的基础上,要进一步对数据进行处理,按照各种创意手段进行加工,使数据按照一定的逻辑联系起来,增强新闻报道的客观性。

(4)利用信息图表,将数据可视化。

在“两会”报道中,《南方都市报》积极探索数据新闻的可视化方式,主动迎合视觉传播时代受众的喜好,利用了大量的信息图表,包括图形、表格、地图、漫画以及色彩等各种元素,摆脱了单调数字的枯燥性,生产出了一大批出色的新闻版面。

图2-3

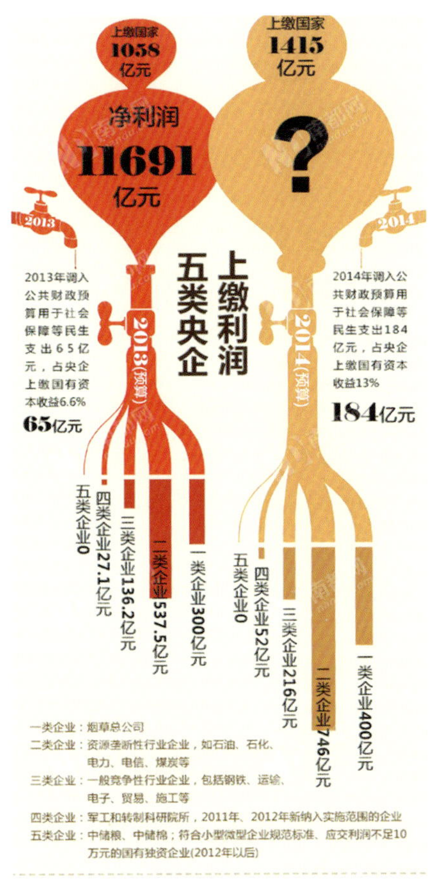

图 2-4

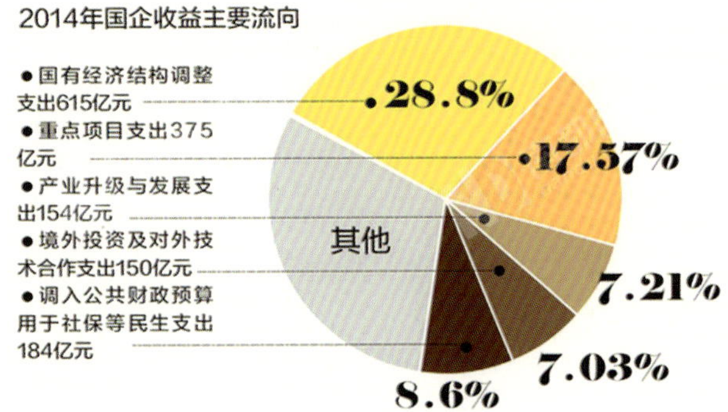

图 2-5

8. 制作过程中遇到的难点和对策

(1)制作过程中遇到的难点。

①数据报道组人手不充足，未形成长效的数据报道机制。

②有些数据表现略显单薄，并不能完全地呈现新闻报道。

③缺乏深度分析数据基础上的预测性报道。

(2)难点解决对策。

培养专门的技术人员,组建专业的数据新闻报道组,从而形成长效的数据报道机制。在利用数据时,一定要进行深度加工和处理,万不可为了做数据报道而盲目大量堆砌数据,要警惕使用数据的模式化、程式化新闻操作。

第3节 财经类数据新闻案例

案例一:还有多少"官员独董"

1. 作品简介

在中央强力反腐的背景下,中国的上市公司们开始频频发布独立董事变动公告,媒体纷纷报道说官员独董"离职潮"正在出现。南方周末与时政数据研究机构图政研究中心一起,依据2013年年报和2014年一季度报,对中国2532家沪深上市公司的官员独董情况进行了详细的统计分析。事实上,截至2014年6月29日,这些官员独董中,70%仍然在任。此外,还分析了官员独董的五种典型类型,官员独董的来源、行业分布、薪酬等情况。

2. 作品选题背景

官员进入上市公司担任独董,这带来了腐败隐忧。当时全国多家媒体都有零星报道,但没有一家媒体能真正掌握情况。中央发布文件以后,多地媒体报道称"官员离职潮"已经出现。图政数据当时接到《南方周末》的委托,对两千余家上市公司的年报、季度报进行了摸排梳理,最终基本掌握了全市上市公司聘用官员担任独董的情况。

3. 团队成员介绍

团队成员为图政数据研究室信息制图师凌寒漠、陈李娜、史额黎、张霞、张华。

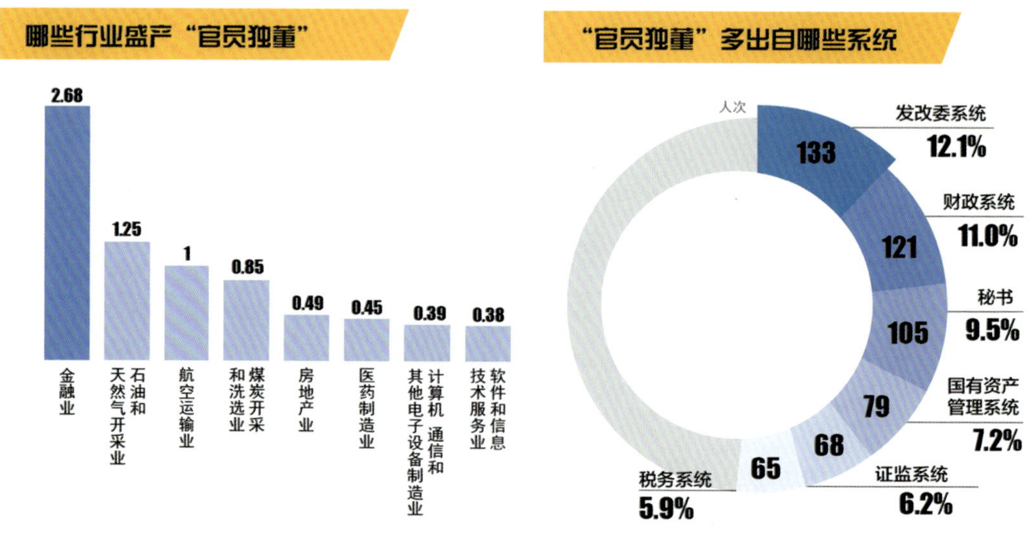

图2-6

4. 作品选题意义

(1)选题发布后,中组部召开记者发布会进行间接回应,公布了官员独董的更多情况和数据。央视根据本文数据专门制作了节目进行跟进报道。

(2)国务院发展研究中心明确发文,要求该中心所有人员辞去独董职务。之后,该中心的“最贵官员独董”辞职。

(3)选题开创了一种新的“数字调查”方式,作品罕见地出现了“零采访”的调查报道,即没有出现被采访对象却依然成为《南方周末》头版的调查类报道,并获得《南方周末》2014 年度新闻三等奖。

(4)用数据理性、客观地澄清了事实与规律,例如从数据来看,官员独董群体并未出现之前媒体报道的离职潮。

5. 作品内容结构

(1)独董“官五类”。

(2)哪里盛产官员独董。

(3)“秘书帮”、军转干部、同僚扎堆。

(4)七成依然在任。

(5)独立董事何时“独立”。

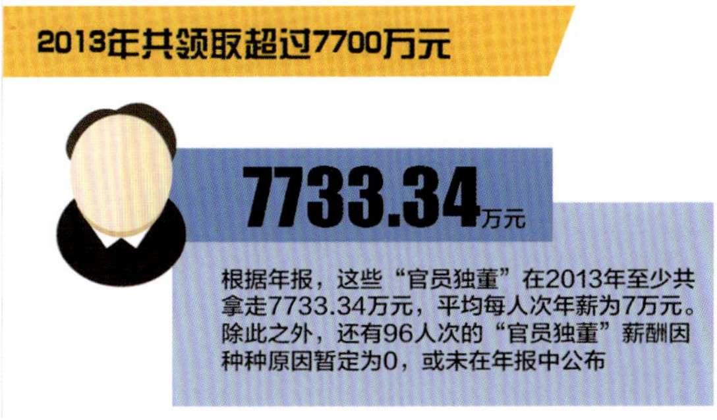

2013年共领取超过7700万元
7733.34万元
根据年报,这些“官员独董”在2013年至少共拿走7733.34万元,平均每人次年薪为7万元。除此之外,还有96人次的“官员独董”薪酬因种种原因暂定为0,或未在年报中公布

图 2-7

2013年共领取超过7700万元
(单位:人次)
0万元 x96
0-5万元 x368
5-10万元 x469
10-15万元 x113
15-20万元 x26
20-25万元 x9
25-30万元 x8
30万元以上 x12
其中,8人次受聘于银行,平安银行一家即“贡献”了5人。

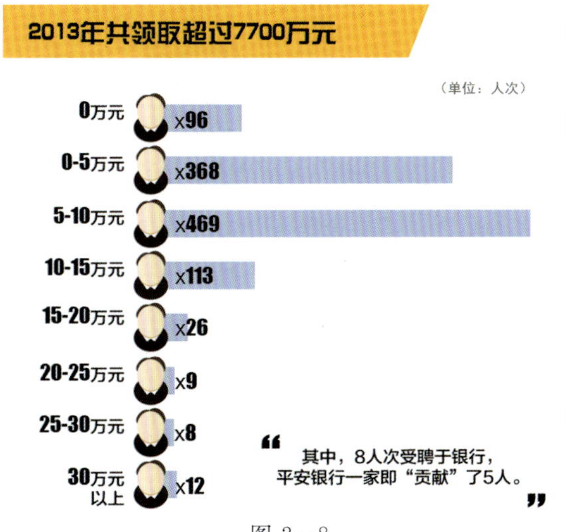

图 2-8

6. 作品数据来源

2532家上市公司上市公司年报、季度报、新浪网。

7. 制作过程分析

(1)数据挖掘。因为选题并没有结构化数据，所以只能人工整理。需要人工去判断哪些人是官员。

(2)数据分析。主要工具是SPSS软件和Excel软件。

(3)可视化。主要工具是AI软件。

8. 制作过程中遇到的难点和对策

(1)制作过程中遇到的难点。

一切都是问题。什么人才叫官员独董？官员独董的群体有何特点？主要来自哪里？是否已经遵守规定进行辞任？

主要难点是，数据十分匮乏，定义模糊，信源极其有限。甚至没有人定义过“什么人才叫官员独董”。所有独董的资料散见于不同的年报之中，需要人工判断是否有过官员经历。在这种情况下，需要根据极为有限的个人简介来对人员进行筛选、分类和编码，摸清全国所有官员独董的情况，并对群体进行分析，发现出趋势和规律。

(2)难点解决对策。

从众多年报中进行梳理之后，整理出1101人次的清单，并根据有限的个人简历信息进行编码和分析。

(3)作品创新点解读。

①定义了“官员独董”这一名词，并第一次全方位排查摸清这一群体的情况。

②大规模人工排查，编制编码表，培训编码员，手工编码，使用量化研究的方法来做数据新闻。

③坚持校对流程。每一个数据格都经过第二个人员的逐一校对，确保准确。

④开创“零采访”式调查报道先河。

案例二：厄尔尼诺的经济解读

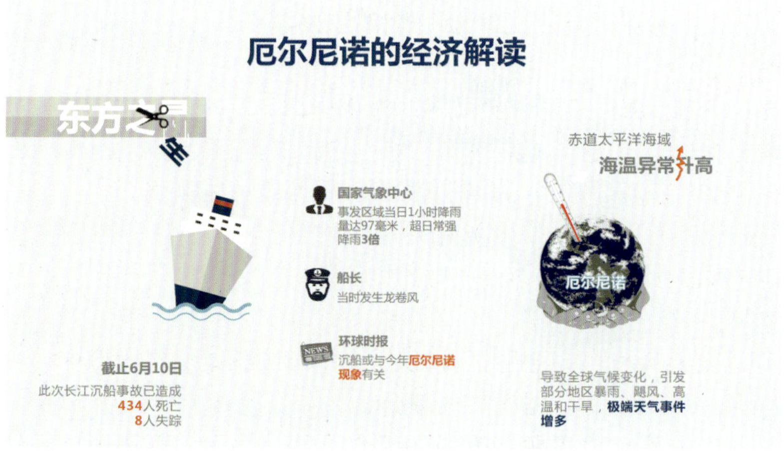

图2-9

1. 作品简介

在国内当下股市大热背景下，尝试从期货、概念股角度切入，根据世界银行、国家统计局、农业部、WIND、芝加哥商品期货交易所、美国国家气象局相关历史数据，量化分析不同种类粮食作物、农附产品和经济作物的产量价格与ENSO监测指标(厄尔尼诺指数)相关程度。之后选取高相关度且对我国居民生活、股市等影响较大的产品作出可视化呈现，力求简洁、通俗，亦有适当趋势预测。

2. 作品选题背景

作品以“长江沉船”事件为引，站在经济与数据的角度阐释了厄尔尼诺现象。纵观厄尔尼诺系数的历史变化，2014年年底至今一路高涨的厄尔尼诺系数似在暗示又一次大范围、高强度的全球性极端天气；而一系列极端天气将给白糖、棕榈油等农产品与镍、锂、铜等有色金属的生产带来了不同程度的损害。作品通过对以上提及的商品的历史期货数据与厄尔尼诺系数相关性的研究，意在对相关行业从业人员予以警示，并对投资者提供适当的投资建议。

3. 团队成员介绍

本数据新闻为西南财经大学牛泽华制作。

4. 作品选题意义

选题目的：要新；要能找得到数据；要能让别人看懂。

团队定了这条“规矩”后，就在一直寻找，因为在财经大学，隐隐地觉得这似乎是优势，财经类的数据库应该是发掘的方向。然后，就守着图书馆的WIND和彭博终端机，翻来翻去，换了一个个话题，规划着如何量化，如何建模，结果发现越来越像做paper。这期间，一个举国震动的沉船事件在长江边发生，关注之于，也在想作为一个学新闻和正在做新闻比赛的，可以从哪个角度，怎样参与到其中来？

沉船—强降雨—龙卷风—极端天气。

沿着这条线索推理的时候，手机猛然震动，收到一条APP新闻推送：《×××厄尔尼诺》。“厄尔尼诺”，惊醒梦中人。都来不及滑开屏幕阅读细节，就激动地说：“厄尔尼诺！做厄尔尼诺”“似乎很少有媒体报道。”其他成员起先有点冷淡，毕竟理工学生怎么知道厄尔尼诺和极端天气呢？只剩下一点，要找到“能够联系起本次沉船事件和厄尔尼诺”的东西，打开搜索引擎，关键字“厄尔尼诺、沉船事件”，然后就开始收集相关数据，再有就是定时刷新能联系到厄尔尼诺与沉船的新闻。

接下来是细节处理。浏览美国气象局网站时也同样发现，2014年以来美国气象局多次发布厄尔尼诺预测报告，且预测强度逐渐攀升，并开始对厄尔尼诺系数进行月度更新。在百度中进行关键字搜索时也观察到4月以来关于厄尔尼诺的报道逐渐增多，但大多局限于一个角度，比如综述历史上厄尔尼诺的影响、厄尔尼诺对资本市场的影响、厄尔尼诺将捧高哪些行业股票，等等。以上表现说明，厄尔尼诺话题正在逐渐升温，有深入研究的意义，且需要更为综合、直观的报道形式。

此外，结合西南财经大学的专业特征，团队可以非常便捷地从数据库中找到资本市场的数据源，并且可以运用课程知识对数据进行处理分析。在反复考量了厄尔尼诺作为作品主题的可行性和可操作性之后，最终将主题定为“厄尔尼诺的经济解读”，意图通过研究厄尔尼诺系数与相关商品期货价格变化的相关性，给相关行业从业人员一些警示，也适当地为读者提供投资建议。

5. **作品内容结构**

作品以最新发生的“长江沉船”事件为引，将读者带入由厄尔尼诺现象引发全球性气候灾害的情境中。随后以 1997 年发生的影响范围最广、影响程度最深的厄尔尼诺事件为例，较为全面地阐述了厄尔尼诺对人类造成的一系列恶劣影响。那么，如何量化衡量厄尔尼诺的强度？接下来运用厄尔尼诺系数的变化做了直观描述。在发生极强度厄尔尼诺的 1982 年与 1997 年的相近年份中，厄尔尼诺系数波动频率与幅度均达到峰值。与之相较影响范围较小、强度相对较低的 1991 年、2003 年等的厄尔尼诺系数虽高于正常值，但也远低于 1997 年的异常值水平。美国国家气象局根据十余个预测模型的预测结果，几乎断定此次厄尔尼诺的影响力不可小觑。

厄尔尼诺引发的一系列极端天气对全球农产品、有色金属等商品的生产将产生极大阻碍。比如厄尔尼诺导致的干旱，将对白糖的生产和压榨产生不利影响，从而导致全球白糖产量下降，拉高期货与现货价格。棕榈油也会因干旱而大量减产（或产量低于市场预期）从而拉高期货价格。然而与白糖不同的是，它的减产周期一般发生在次年，期货价格的飙升也相应发生在减产周期中，实际获得的马来西亚棕榈油期货价格数据也证实了这一点。为了更为清晰直观地呈现其与厄尔尼诺系数的相关性，在作图时刻意将期货价格数据滞后一年，从而与减产周期相匹配。厄尔尼诺也将大幅影响拉美地区咖啡与可可的生产，而遗憾的是并未找到合意的时间区间的数据，所以不得不舍弃这一部分。

农产品以外，有色金属的冶炼也会受到殃及。有色金属因采矿过程中通常需要消耗大量水资源，而主产国智利、秘鲁等可能面临严重的洪水或干旱威胁。事实上，智利、阿根廷北部已经出现洪水，有色金属价格涨势也已出现苗头。锂、铜、锡、银、锌和镍 6 个品种是核心的受影响品种，从历史数据来看，镍涨幅最大。

跟随南方极端天气浮出水面的另一类受影响的商品为水利、管道等基础建设业。由于近期南方暴雨不断，导致道路於堵，管道疏通、水利建设等相关产品的需求大大增加，股价与现价有望上涨。

最后，基于以上的分析，对投资者给出了适当的投资建议。

图 2－10

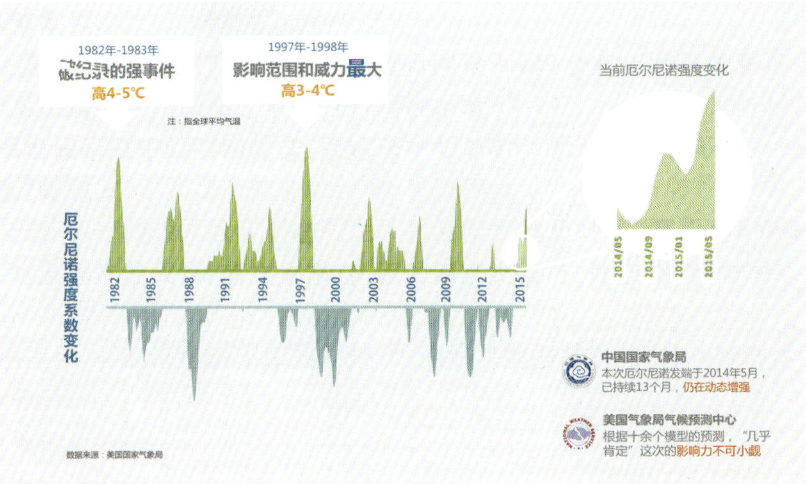

图 2－11

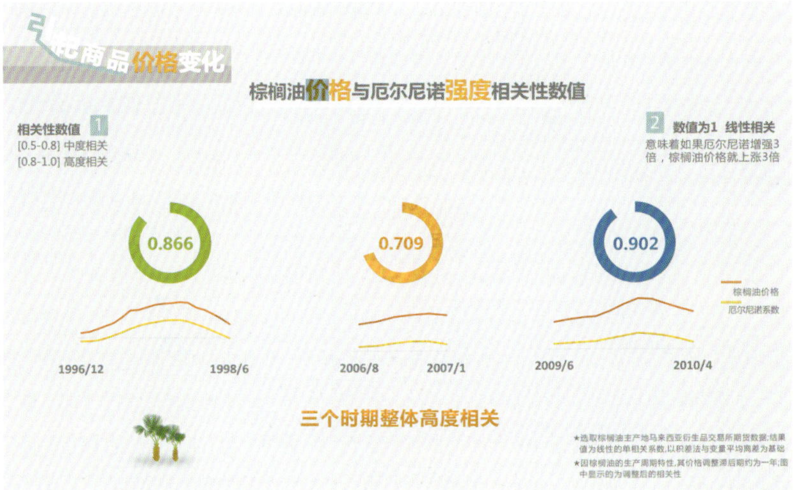

图 2－12

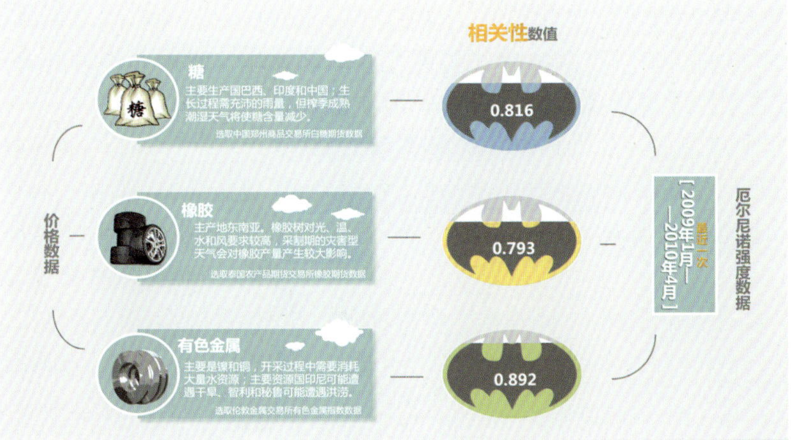

图 2－13

图 2 - 14

6. 作品数据来源及处理

期货价格数据均从校图书馆电子阅览室中的 WIND、Bloomberg 数据库终端中下载，其中包括马来西亚衍生品交易所的棕榈油价格、中国郑州商品交易所的白糖价格、泰国农产品期货交易所的橡胶价格与伦敦期货交易所的有色金属指数。厄尔尼诺系数的历史数据与预测来源于美国国家气象局的数据库与月度报告。其余数据分别来自中国统计局、中国气象局、马来西亚棕榈油局和各大新闻媒体的报道。

由于直接下载的期货价格数据为日度数据，而厄尔尼诺系数为月度数据，首先对数据进行筛选与初步处理，从而得到期货价格的月度数据，使其与厄尔尼诺系数的频率匹配。通过作图发现期货价格在厄尔尼诺发生时期的波动频率与幅度较平时明显增加，于是专门挑出厄尔尼诺的相关时期进行进一步作图分析，发现其变动趋势确实有大致的趋同性。随后用数据量化这种一致性。运用统计学的相关性原理，发现在厄尔尼诺时期内，这些商品价格与厄尔尼诺系数之间确实存在高度相关的特性。

7. 制作过程分析

以图片做最终呈现形式，设计软件为 PPT、Excel、Photoshop、illustrator、Vector Magic 等。所有图标均采用矢量化设计，内容与整体可调节性较高。所有表格均为 Excel 表格，数据准确可靠，以图片化设计为呈现方式。

字体以微软雅黑为主。最终呈现作品格式 JPEG，尺寸 799 * 2962，分辨率 600dpi，颜色表示 sRGB。

第4节　教育民生类数据新闻案例

案例一：十年——大学生生活状况比对调查

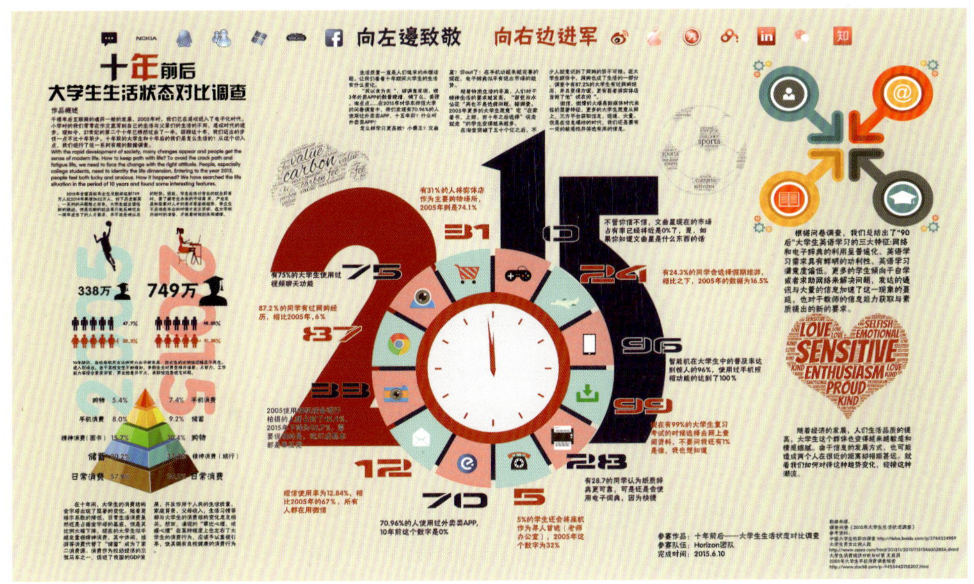

图 2－15

1. 作品选题背景

千禧年后互联网发展速度以指数级往上攀升。2005 年时，我们已在感叹进入了电子化时代。现如今，21 世纪的第二个十年已悄然过去了一半。回顾这十年，当初迈出的步伐一点不比十年前少。十年前的大学生和十年后的我们是怎么生活的？

2. 作品选题意义

2015 年 KPCB 公布的数据中显示，全球市值前十的互联网企业中国占据三席，TAB 表现非常不俗。而十年前，中国互联网只是名不见经传。中国在世界互联网地图中的地位已无法取代。在这十年中，究竟是什么推动中国互联网发展至斯？年轻人们的习惯究竟发生了什么变化？解读这十年既能帮助我们了解人们在互联网影响下的生活状态变化，同时也能为我们更好地研究未来的互联网趋势打下基础。

3. 作品内容结构

题目：之所以定位 2005 年与 2015 年进行对比，首先因为 2015 年的数据较为好收集，其次 2005 年在中国互联网年鉴中的历史地位亦不可小觑：Google、MSN、paypal、支付宝，以及百度同年从 4 月至 8 月纷纷出现重大动作（google 百万美元收回 cn 域名，百度纳斯达克上市，paypal 对决支付宝等）中国的互联网市场大战正式爆发。以此为标志，这十年间的变化及对其趋势研究可说是最具说服力的。

本报告主要分为四部分：

(1)引子。

在整幅作品的最上方，依次呈现了不同的社交媒体，作为十年间发展的见证。此外，在每部分内容之前，我们使用文字进行对该段图片内容进行说明，以帮助读者更好地理解作品。

(2)基本数据阐述。

包括了大学生数量、性别比例、消费习惯等数据，简要地概括了十年前后学生群体的生活状态，为方便读者更好地理解后文打下铺垫。

(3)选择典型事件进行对比分析。

第二个内容是画面的主体，以“2015”四个艺术字为中心，我们对年龄为30岁与20岁的两类群体做了个别访谈，从中选取了具有典型代表性的12组数据作为详细描述两代人的生活方式的差异。具体内容涉及有人际沟通习惯、出行习惯、娱乐习惯、饮食习惯、电子设备普及程度、消费方式等。

(4)选择具体事例简要解析受众心态。

第三部分在进行对资料收集阶段访谈内容的整理后，我们将学生群体的一些感性的无法量化的内容总结在该部分。对学生的学习习惯、心理变化及普遍的观念进行总结，并制作成云，放在全文最后。

4.作品数据来源

(1)最终采用的数据主要有调查问卷(300问卷量)、论文《2005年大学生手机消费调查报告》、论文《大学生消费现状分析与对策》，以及网站数据的搜集。

(2)数据来源多样，主要分为以下几种方式：

①互联网信息检索：数据主要来源为艾瑞网、梅花网、历年KPCB发布的互联网行为报告、知网、万方等数据库。针对以上网站上获得的数据加以分析整理。

②针对以上数据采集最新的数据，有针对性地按一定比例向国内外中国国籍大学生群体发放问卷。本次问卷在问卷星中发布。

③进行了10人焦点访谈，每人访谈时间为10分钟左右。人员由2名20岁男性，3名30岁男性，3名20岁女性及2名30岁女性构成。由于时间精力不足，因此选择的个体在地域上有局限性(现都居住在上海)。

④对数据进行最终处理，通过Excel、Tableau、Echart、Illustrator等软件的综合利用，最后输出数据。

5.制作过程分析

(1)数据挖掘。

在数据挖掘方面，主要的挖掘渠道为以下三种：

①搜索引擎搜索关键字。

通过互联网进行我们需要了解的相关内容的关键词检索，收集不同渠道的同类数据并进行相互比对，去除争议性较大的数据。

②行业报告下载。

下载如电信移动、银行业、百度腾讯等与互联网息息相关的行业的年度报告，从中挖掘属于调研受众的数据并进行计算汇总，与网络收集的数据进行比对，然后确认。

③焦点访谈深挖。

数据新闻使得新闻更真实客观。然而新闻是艺术，艺术永远不可能绝对客观。因此在对焦点访谈中的细节进行深挖后，能得出更多非常有意思的数据。

(2)数据分析。

①概有数据整理:将如人口、月均消费等已有的原始数据进行整理统计,并进行核实排查,除去明显错误的数据提高可信度。

②进阶数据分析:将不同类型的数据进行交叉分析,查看其中相关性,并选取其典型进行理解。

③数据分析。数据分析主要有以下两种方法:

a.交叉分析法。交叉分析是解读数据较为常用的方式,通常可以看出一组数据的价值。交叉分析能够弥补了“各自为政”分析方法所带来的偏差,为研究带来更深层次的解读。

b.作图法。本次课题采用 Tableau 作为辅助作图工具。Tableau 在数据处理与图形处理显示方面功能非常强大。在本次研究中,主要使用了填色、甘特图与填充图,较为直观地发现了数据中的关联性。

(3)可视化。

在可视化方面,没有使用任何现有的分析工具自带的图形处理插件(如 Excel,Echart,Tableau 等)进行制作,以上软件中的作图仅为方便得出结论。

可视化是为了方便读者更好地理解新闻内容而非哗众取宠。因此使用不统一的风格进行设计的可视化作品是背离初衷的。在确定内容素材后,先进行了手绘初稿,确定了内容布局与设计风格,最后使用 AI 进行图形绘制(因为 AI 的矢量特征能保证图形不变形)。

6.制作过程中遇到的难点

(1)网络数据干扰性太大,如何确保相关数据准确性?

(2)资料中不可量化部分应该如何使用恰当的方式融合进数据图中?

(3)网络的普及性与易用性可以说是双刃剑,在提供海量数据的同时,也加大了排查真实数据的难点;此外,网络来源数据与访谈中人们提及的数据的差异处理也需要谨慎。

(4)再通篇数据的可视化图中,贸然插入大量不可量化的内容会导致整个作品的风格出现断裂,如何确保融合是完成作品的重要环节。

7.作品创新点解读

整个作品除了金字塔放弃使用传统意义上的图表来进行内容阐释解读。中央的“2015”艺术字中,将“0”作为钟面,并在环上分割为 12 个版面。在表述时间飞逝的同时,将能代表时代变迁的十二个典型事件进行展示。在展示中,选择用纯数字来吸引眼球。在盘面上使用数字使得钟表更加真实,也能让读者阅读作品时更具趣味性。

由于内容中有近半为不可量化内容,因此将整个作品设计为报纸版式,而数字的直观化在文字的围绕中更能吸引眼球,图形在本作品中以辅助作用出现,与传统意义上可视化作品中所赋予图形更为重要的角色所不同。

案例二:9100 篇微信热门文章分析(上下篇)

图 2-16

1. 作品简介

随着微信平台的日益壮大,人们在微信平台上获取的越来越多,但是究竟哪些文章能更多地被转载和传阅,这些文章又有怎样的共通之处?此制作团队通过文字、图表、图形组合的形式,让读者清晰地看到哪些文章会被广泛传播,这些文章标题和类型都有哪些规律和范式,以及都有何共通之处,进而探究当下社会的话语权结构,及传播者和被传播之间的互动范式。

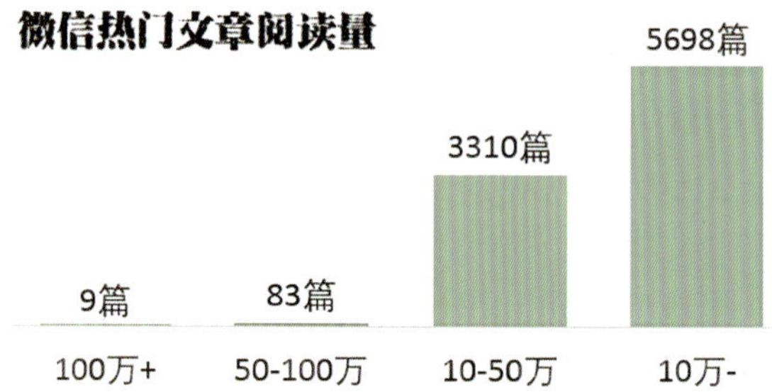

图 2-17

2. 作品选题背景

近几年微信逐渐成为获取信息和资讯的一个重要来源。据微信 2015 年三季度公布的官方数据,微信公众号的数量已经突破 1000 万,其中哪些号的文章会被广泛传阅?为什么是这些文章?这些文章的标题和类型都有哪些规律和范式?这些都是记者策划选题时想要探究和回答的问题。

3. 作品选题意义

获取的信息某种程度上可以塑造和定义我们自己。何种信息在当下更容易被传播和认

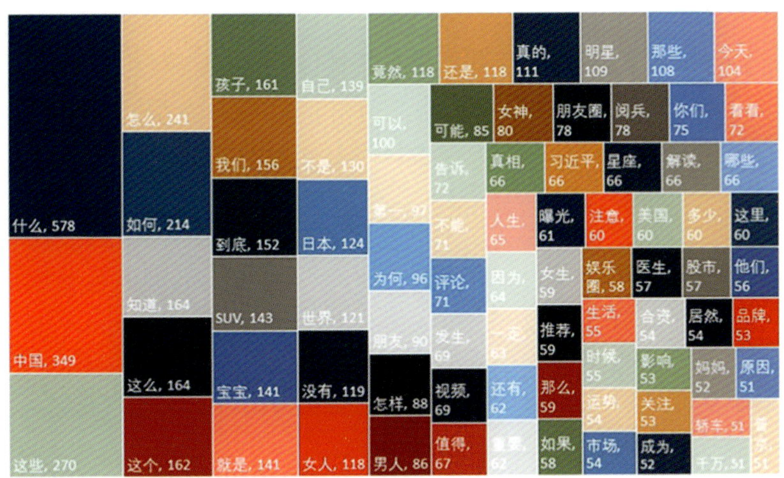

图 2－18

可，对于了解当下社会的话语权结构，及传播者和被传播之间的互动范式，都有积极意义。

4. 作品内容结构

作品分上、下两篇。

上篇《9100 篇最热微信文章全分析|我们将毁于我们所热爱的东西?》，以微信公众号三个月共计 9100 篇热门文章为样本，探究和展现这些热门文章的标题秘籍和类别划分。下篇《微信大号地图|我们的话语权在谁的手里?》呈现了这些微信大号的地域分布及所属类别。

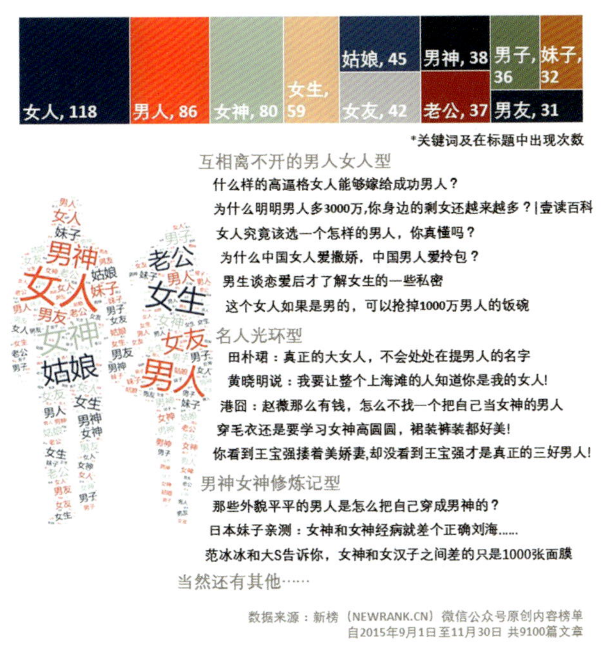

图 2－19

5. 作品数据来源

微信公众号推送的文章、阅读量等数据来自新榜(NEWRANK.CN)微信公众号原创内容榜单,时间周期为 2015 年 9 月 1 日至 11 月 30 日。

6. 制作过程分析

(1)数据挖掘。

作品的数据挖掘过程为“预处理—分类—提取关键词—分组—可视化”五个步骤。

①预处理:对包含 9100 篇热门文章的榜单进行汇总,将日期、阅读量等信息处理成容易分类的形式。

②分类:将预处理好的文章列表按照阅读量、类别等进行分类。

③提取关键词:提取 9100 篇文章的关键词,并列出各关键词的出现次数。

④分组:汇总关键词,找出其中规律,并进行分组。

⑤可视化:对数据挖掘结果进行可视化展现。

(2)数据分析。

数据分析工具为 NLPIR 汉语分词系统及 Excel 2016。使用 NLPIR 系统提取关键词,而后汇总整理,多次探索性分析,寻找既符合科学性又满足传播性的组合形式。

(3)可视化。

作品可视化工具为 Tagul 词云图工具、Excel、PPT 及 Nordri Tools 等。通过图形、图表、文字组合的形式展现,信息更加直观、有趣。

在可视化方面,技术总是服务于内容,为内容选取最合适的呈现形式应该是新闻作品可视化的题中之义。对于作品中许多标题关键词的归纳分组,采用树状图呈现分组,各类形状的词云图呈现分组特征,标题罗列则作为分组的例证。

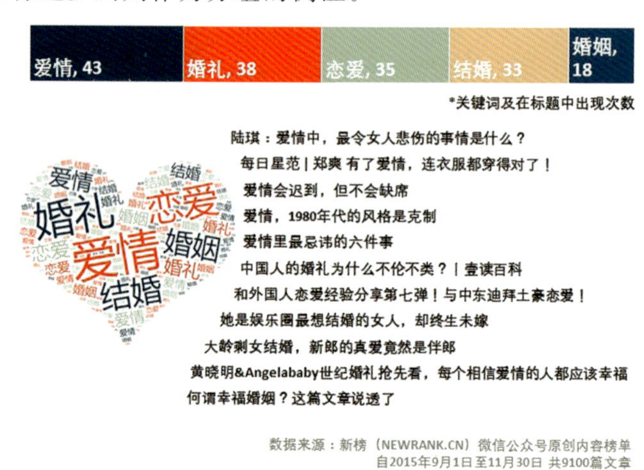

图 2-20

7. 制作过程中遇到的难点和对策

(1)制作过程中遇到的难点。

由于榜单数据包括 9100 篇文章,仅标题就有近 18 万字,对这些文章进行分类、汇总,以及从中提取关键词是此次作品制作中的一个挑战。除此以外的另一个挑战就是如何让分组同时具备科学性和传播性。

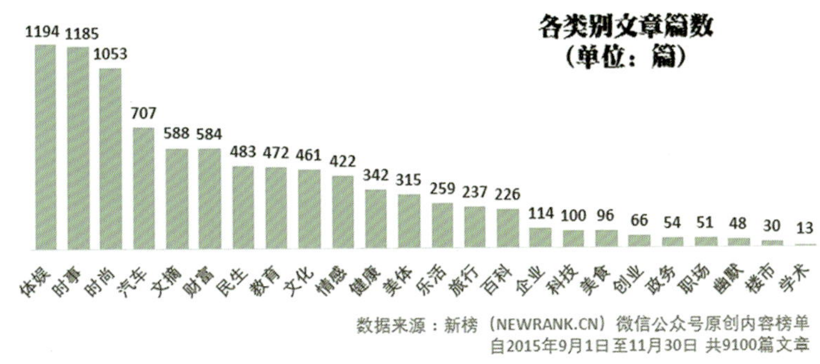

图 2-21

(2)难点解决对策。

关键词提取使用 NLPIR 汉语分词系统做初步提取，而后人工筛查，最终确定出关键词列表。而后，进行多次试探性分组及分析，改进组合形式，再进入下一步呈现阶段。

8. 作品创新点解读

关于微信热门文章，很多媒体在报道时仅仅停留在罗列榜单的阶段。对于文章为何能广泛传播及被广泛传播文章之间的共同之处都没有系统清晰的探究，而本次作品加入了标题关键词的分析，更加深入地探究了微信热门文章的传播密码。此外，采用多种组合形式呈现分析结果，让读者更能直观地获取信息，并且从中得到阅读的乐趣。

第3章 视频篇

数据新闻可视化有两个层面：第一层是用可视化的图表方式去展示相关数据和新闻，如信息图或交互图在报纸杂志、互联网上的应用。第二层则是对数据的挖掘和解读，以视频的形式进行展示，同时辅助以解说让观众更容易去理解新闻的内容。视频类数据新闻虽然少了一些交互性和可控性，但它让新闻的阅读难度和理解时间极大降低，这就如相机的自动档和专业档的差别，针对不同的平台，不同的人群，适用的形式也应该有所区别。

第1节 视频类数据新闻的特点及应用

视频类数据新闻在国内的实践和应用中已经开始有了一些成绩和发展。2014 年 1 月以中央电视台《晚间新闻》栏目推出的“据说”系列报道所代表的电视媒体开启的“数据可视化”系列节目的尝试，就成为了这类实践中的先行者和佼佼者。“据说春运”“据说两会”“据说春节”等，已然为业内视频类的数据新闻实践建立了典型。自此之后，国内其他电视媒体和新媒体平台也开始相继效仿，如 2014 年上半年江苏卫视推出的《大数据看迁徙》《大数据说消费》，浙江卫视推出的《大数据看春运》《大数据看出行》，湖北卫视推出的《湖北大数据》等都是这类数据新闻的有益尝试。因此，众多学者将 2014 年称为中国的“电视数据新闻元年”。央视新闻中心陈超就言：“据说”系列是央视大数据新闻创新迈出的一小步，却是中国新闻迈出的一大步，开创并引领了未来中国大数据新闻的潮流与方向。

视频类的数据新闻有着自身所独有的优势，在数据新闻的领域展示着其独特的魅力。在国内由中央电视台“据说”系列节目的带动下，各个电视媒体及网络媒体上也在蓬勃发展。电视尤其是央视这类平时看起来比较保守的媒体积极地采用这种新的报道方式其实也是一种必然。

一、适应目前快节奏的文化消费趋势

时下社会，生活节奏日益加快，在这样的大环境的推动下，信息的碎片化时代已经得到了充分的渲染。这样的文化消费模式，使得我们的文化传媒对自我发展的要求就是要更贴近当下受众更青睐的短小精悍、叙事生动的信息，宏观的叙事类报道已经不符合受众的收视习惯。数据新闻的优点就是可以充分地适应当下人们对于信息的获取方式，充分地利用简洁的数据表达方式再加之传统的电视新闻的主持人的串讲及解说配音来提高呈现的效率。如央视《数字十年》系列中的《守住 18 亿亩耕地红线》，有一段是这样的：“2002 年到 2011 年，中国通过土地整治、账务平衡等措施，开垦出了 4200 多万亩新增土地，相当于我们再造了五个上海市面积大小的土地。”受众对“4200 多万亩”没有一个明确的概念，但把这个数字转化成“五个上海市的面积”这样的具体感受就让新闻所要表达的信息既符合数理新闻简单明了将数据呈现给受

众的特点，又符合当下社会受众对于信息碎片化需求的趋势。受众可以在乘坐地铁闲暇之余或者是在等人的间隙，通过移动客户端打开这样一段内容丰富有趣的而且易懂的新闻报道进行观看。在信息碎片化快节奏的文化消费的当下社会，这样的报道在将来新闻行业报道的前景不言而喻。

二、更加深入的挖掘数据背后的原因

在数据新闻制作的过程中，往往会出现搜集处理到的数据和我们正常理解的情况产生偏差甚至反差。在一般的报纸杂志或网页类的新闻报道中如果出现这类问题一般也会对这种情况进行分析，多是用文字的方式解释反常情况出现的原因。这样的方式虽然能够向受众解释清楚一部分原因，但是因为情况反常，所以解释需要的文字一般就会非常多，并且可能深度也不够。视频类的报道的制作媒体会依托本身原有的强大的采访平台加之会结合主持人的解说及实时的图片视频，让这种解释变得更清楚和易懂。例如，2014 年春节，中央电视台推出的"'据'说春运"系列报道中，百度提供的迁徙热门线路排行中成都往返北京的路线，一直排在热门线路前 10 名，有 10 天甚至冲到了前两名，而按照人们正常的理解，春运热门线路应该一直是北京至人口输出大省的线路，成都到北京的线路火爆按照传统逻辑根本无法解释。而作为数据的提供方，百度只能提供数据和保证数据的正确性，对于原因却也无法给予合理的解释。但作为栏目组，不能只把这些数据告诉给观众，还必须解读出背后的原因。在这种情况下，中央电视台栏目组迅速调整战略，改变单纯依靠百度数据的方式，变为开拓其他渠道多角度对数据进行解读。编辑在查阅大量成都和北京人员流动背景的基础上，还联系了成都火车站的工作人员，向他们了解今年春运的特点，最终发现导致这条线路火爆的原因，竟然是老人到子女打工的城市去过年的"逆向迁徙"。像在此类情况下，视频类的数据新闻就可充分地发挥了它的优势，新闻制作媒体通过原有的新闻采访能力更加深入挖掘调查数据背后的产生与以往不同情况不同事件背后的推力，然后以更加简洁明了有说服力的视频、图片向受众解释这种原因。这样的优势对于原本就具有强大新闻报道采集能力的电视媒体来说天然地成为了他们面对当下各种网络媒体竞争的巨大优势所在。

三、虚拟交互性

为了让新闻作品的呈现界面变得更加直观，参与感的考虑就成了展示中一个重要环节，这样受众只需要对交互设计进行操作就可以获得信息。在网络媒体的数据新闻参与感体验的实现主要目的是为了让观众能够参与到作品的互动设计中去，强调受众的互动性。但是视频里数据新闻的参与感则不可能让受众参与到作品去互动，数据新闻的参与感体验的实现只能通过主持人作为观众的代表与作品进行互动。以 2014 年 3 月 10 日，央视新闻频道《两会解码——网友眼中的人大常委工作报告》，主持人置身于一个虚拟的三维场景中，网上关注人大常委工作报告占比例最多的是 20～29 岁、30～39 岁之间的人群，此时的虚拟的这两个年龄段的人群代表形象及所占比例已经出现在她的左右，分别是 35％和 38％，接下来她双手上下分开，一个虚拟的长方体出现在她的双手间，显示关注人大常委会工作报告的关注人群中，本科及本科以上学历人群的比例最高，为 65.8％。虽然整段视频的长度只有短短的 22 秒左右，但是却给我们传达了一个清晰的结论，即"中青年本科以上人群更关注人大常委会工作报告"。随着交互时代的到来，给受众提供参与的体验变得尤为重要。数据新闻在传播的过程中，受众通过参与，不但要能够使其感受到新闻本身所赋有的信息价值，而且还可以满足其心理触感需求。这样用户在参与信息的过程中也体现出了主体性的价值。这种虚拟的交互性是视频类数据新闻与传统视频类数据新闻报道中关键的主持人的引导结合所独有的优势，这样的的交互性可以引导受众更快地进入数据新闻所要报道的重点领域内，加深受众对于新闻的阅读层次。

国内各视频类数据新闻的尝试也推动了整个电视媒体行业对于数据新闻的热情，各地电视台与视频类媒体也都开始逐渐加大对视频类数据新闻的投入力度，再加之在制作过程当中加入虚拟的场景，在主持人的带领下受众对于新闻报道的交互性感觉更加明显，或许将来的电视媒体会将数据新闻作为一种重要的报道类型，将视频类数据新闻的应用报道日常化。

第2节　时事类数据新闻案例

案例一：央视"据"说春运、"据"说春节

1. 作品简介

2014年春节前，中央电视台综合频道《新闻联播》《晚间新闻》推出"'据'说春运""'据'说春节"系列报道。央视综合频道新闻编辑部提出春运节目要创新的要求，正在商业领域展露头角的"大数据"成为栏目组重点开发的目标。栏目组与百度公司多次沟通后，最终决定将各自的优势资源进行整合，探索用大数据新闻报道和解读春运。

2. 作品选题背景

大数据新闻时代的到来，是互联网发展的必然产物。随着"云计算"等技术的突飞猛进，使对全样本海量数据的快速计算和处理成为可能。以春运为例，对于36亿人次短时间的迁徙，传统电视新闻画面主要是在车站、陆路交通枢纽等地区局部展示。百度作为国内最大的搜索引擎，具有权威的数据搜索能力，但并不具备把数据转化为新闻的能力。而央视有良好的新闻报道能力，却没有数据搜索平台。双方只有将优势资源整合才能颠覆传统的报道方式，更加全面直观地将大陆版图上的春运迁徙动态数据绘制成图，并转化为新闻，可视化地呈现在电视屏幕上，给观众带来全面、直观的感受。

3. 团队组成情况

制作者为中央电视台综合频道新闻编辑部。

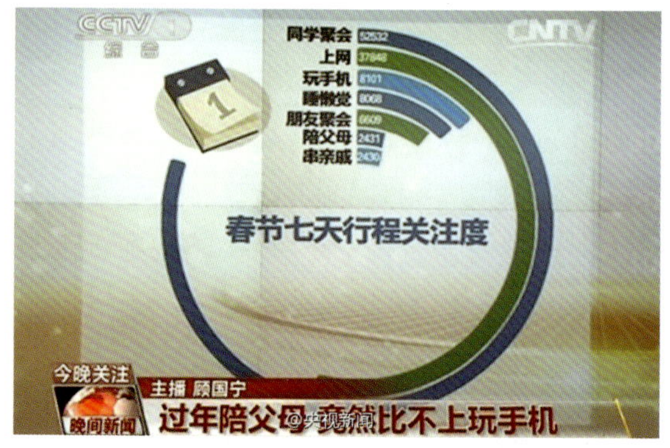

图3-1

4. 作品选题的意义

除夕之夜，央视新闻联播推出"'据'说春节"，首次采用百度地图定位大数据、百度指数来解读春运、年货、年夜饭等新闻。布满了亮线的地图，像烟花一样绽放的迁徙轨迹，让人一目了然人口迁徙的最新动态。

在没有大数据支持之前，春运报道很难让观众直观地感受到，数十亿人次的迁徙是怎样一番景象。观众只能通过奔赴各地的记者的镜头，看到一组组画面和一个个人物，很难由点到面，整体了解春运迁徙。大数据概念从两三年前就在科技界和IT界兴起，但对于老百姓始终还有些距离。实际上，大数据在金融保险、医疗卫生、公共服务、交通运输等行业得到越来越多的应用，与每个人的生活都息息相关。

这次央视新闻联播推出"'据'说春节"，结合春运、年货、年夜饭等话题，将大数据以老百姓能看懂的方式，在除夕之夜展现在千家万户的电视屏幕上，无疑是为大数据进行了一次最有意义的普及。

5. 作品内容结构

作品的内容结构主要是解读春运、年货、年夜饭等新闻。

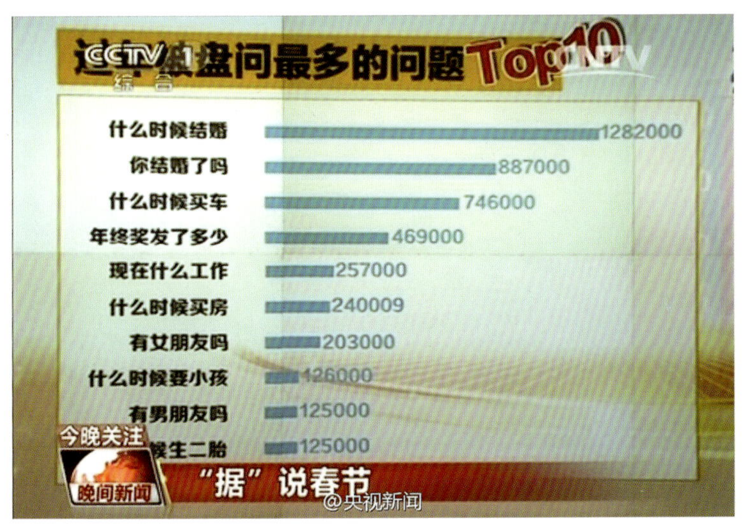

图 3-2

6. 作品数据来源

春运板块主要的数据基于百度推出的人口迁徙大数据项目——"百度地图春节人口迁徙大数据"(简称"百度迁徙")，该项目利用百度后台每天数十亿次LBS(基于地理位置的服务)定位数据进行计算分析，展现春节前后人口大迁徙的轨迹与特征。

年夜饭、年货等话题主要来源于百度搜索引擎。

7. 制作过程分析

(1)数据挖掘。

百度公司基于智能手机每天通过百度地图LBS开放平台的定位请求高达35亿次以上，平均每秒钟就有超过4万次定位请求。而这些位置数据的变化部分就是我国春运人口的迁徙动态，并且时时刻刻都反映在"百度地图春节人口迁徙大数据"上。

另一种大数据搜索方式是百度指数，利用网络用户在百度上基于不同需求的搜索行为留下的轨迹，找出新闻。

（2）数据分析。

中央电视台综合频道新闻编辑部对百度提供的数据及动态数据进行分析，然后节目组依据百度数据，并且开拓其他渠道多角度对数据进行解读，找出数据背后的原因。

（3）可视化。

作品可视化工具为拥有互动图形用户界面（GUI）的数据可视化工具百度 Echarts。通过直观、易用的交互方式来对所展现数据进行挖掘、提取、修正或整合，同时系列选择、区域缩放和数值筛选，可以让观看者有不同的方式解读同样的数据。

央视在基于百度上的互动用户界面可视化数据穿插相关联的小故事支撑节目有温度的表达。"'据'说春节"板块既有理性的数据分析，又有与数据相关联的温暖故事，耐人回味。例如，《回家的礼物：给丈母娘的礼物》居搜索第一。

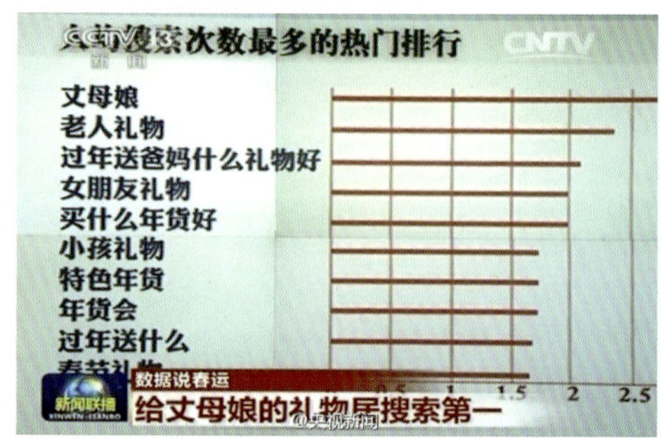

图 3－3

8. 制作过程中遇到的难点和对策

（1）制作过程中遇到的难点。

作为长期专注于海量数据做技术化处理的公司，百度并不知晓自己的哪些数据能够成为新闻。该从哪个维度搜索新闻？搜索出来的枯燥的数据又该如何呈现？这些问题始终困扰着央视的节目团队和新媒体百度团队。

（2）难点解决对策。

面对这种问题，栏目组迅速调整战略，改变单纯依靠百度数据的方式，变为开拓其他渠道多角度对数据进行解读，解读出数据背后的原因，在数据比对中发现新闻。

9. 作品创新点解读

春运是我国乃至全球范围内最大规模的短期人口迁移活动之一，通讯是人们在迁徙过程中最基本需求之一，因此手机网民与迁徙人群重合度极高，迁徙人群绝大多数都是手机网民。百度通过云计算平台强大的数据处理能力，加上精准的定位，能够实现全面、准确、即时地反映人口迁徙状况。

百度相关负责人表示，百度在大数据特别是基于移动互联网的大数据领域已有大量的信息积累和技术沉淀。"百度迁徙"项目是一次尝试，百度希望该项目未来能够服务于政府部门科学决策，赋予社会学等科学研究以新的观察视角和方法工具。同时，也能够为公众创造近距离接触大数据的机会，让他们用另一种方式来体验春运。

中国传媒大学调查统计研究所所长沈浩表示，百度本次推出的人口迁徙大数据，用可视化的方式展现了中国春运迁徙的盛况，是一项非常有价值的创新，“通过百度人口迁徙数据研究春运人口流向，可为交通部门的政策和服务提供参考，其开放后，也可以为普通百姓、企业提供生活、生产的参考，具有很大的社会价值”。

中国工程院院士邬贺铨指出，未来百度会从搜索引擎公司发展成为大数据服务企业，“百度可以利用搜索以及各种方式获取大数据，服务于网民、社会和企业自身；另一方面，百度还可以提供大数据解决方案，帮助其他机构解决各种决策问题”。

案例二：数说命运共同体

图 3-4

1. 作品简介

2000年前的古老丝绸之路上，骆驼和商船让东西方世界不同的货物流动起来，也让两个文明在陆地和海洋上交会。2000年后的今天，在“一带一路”沿线，当流动的速度与相遇的方式发生了天翻地覆的变化后，又会有怎样的故事发生？2013年10月3日，习近平总书记在印度尼西亚提出了共建“21世纪海上丝绸之路”构想，与之前9月在哈萨克斯坦提出的共建“丝绸之路经济带”构想，一并称为“一带一路”倡议。两年来，这一倡议引发热烈反响，随着倡议逐步落地，沿线众多国家和几十亿百姓的命运，更紧密地交织在了一起。中央电视台推出“一带一路”特别报道《数说命运共同体》。

2. 作品选题背景

央视《新闻联播》《朝闻天下》《新闻30分》《新闻直播间》等栏目重磅推出一档全新大型数据新闻节目——《数说命运共同体》，节目挖掘超过1亿GB的数据，分析发现“一带一路”沿线国家40多亿百姓休戚相关的密切联系，披露大量不为人知的新鲜内容，炫酷的视频技术令观众耳目一新。

3. 团队组成情况

央视新闻中心、国家统计局、海关总署、世界银行、世界贸易组织、百度公司。

4. 作品选题的意义

央视新闻联播推出数说命运共同体，采用百度地图定位大数据、百度指数来解读数说命运共同体等新闻。布满了亮线的地图，像烟花一样绽放的迁徙轨迹，让人一目了然一代一路的新动向。

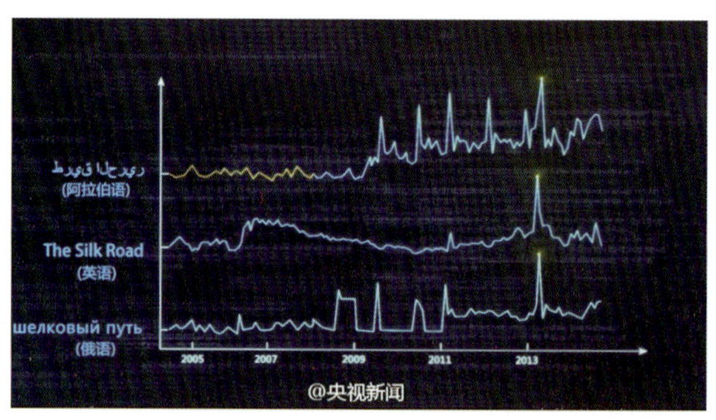

图 3-5

为构建“一带一路”新知体系，央视新闻中心跨行业、跨领域整合多方信息源，依托国家“一带一路”数据中心、国家统计局、海关总署、世界银行、世界贸易组织等众多权威数据库，动用两台超级计算机，搭建百人原创团队，挖掘和提炼出隐藏在海量数据里的关联本质。让沉默的数据说话，它们呈现出来的，是“一带一路”国家间前所未见的联系图景。仅为计算“全球 30 万艘大型货船轨迹”这一个数据，节目分析比对的航运数据 GPS 路径就超过 120 亿行。

这次央视新闻联播推出“数说命运共同体”，将大数据以老百姓能看懂的方式，展现在千家万户的电视屏幕上，无疑是为大数据进行了一次最有意义的普及。

5. **作品内容结构**

作品的内容结构主要是解读关注贸易、投资、中国制造、基础设施、饮食文化、人员往来等内容。

6. **制作过程分析**

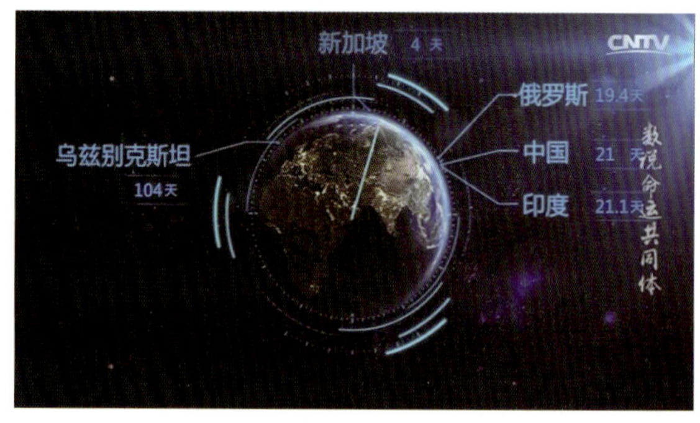

图 3-6

(1)数据挖掘。

通过海量数据的挖掘，找到沿线各国彼此需要的真实逻辑。选取 40 多亿普通百姓的生活细节来呈现，最终建立起观众对“一带一路”沿线国家“命运共同体”的全新认知。

另一种大数据搜索方式是百度指数，利用网络用户在百度上基于不同需求的搜索行为留下的轨迹，找出新闻。

(2)数据分析。

央视《新闻联播》《朝闻天下》《新闻 30 分》《新闻直播间》等栏目重磅推出一档全新大型数据新闻节目——《数说命运共同体》，节目挖掘超过 1 亿 GB 的数据，中央电视台综合频道新闻编辑部对百度提供的数据及动态数据进行分析，然后节目组依据百度数据，并且开拓其他渠道多角度对数据进行解读，找出数据背后的原因。

(3)可视化。

使用国际上最先进的数据可视化技术，在国家测绘局指导下，制作200多幅精确且具有视觉冲击力的三维地图，直观呈现沿线国家的联系与差异；首次使用卫星定位跟踪系统数据，通过大量GPS移动轨迹提升数据新闻的视觉表达效果；首次使用数据库对接可视化工具，将数据示意图时代带入真实数据轨迹呈现的空间。数据可视化的一系列创新，使《数说命运共同体》首次准确、客观地描摹出“一带一路”沿线主要国家的重要数据分布情况。

7. 制作过程中遇到的难点和对策

(1)制作过程中遇到的难点。

作为国际性质的研究报道，需要的数据非常庞大，而且数据整理更是一项庞大的任务，搜索出来的枯燥的数据又该如何呈现？这些问题始终困扰着央视的团队。

(2)难点解决对策。

面对这种问题，央视制作组迅速调整战略，改变单纯依靠数据的方式，变为开拓其他渠道多角度对数据进行解读，解读出数据背后的原因，在数据比对中发现新闻。

第3节　财经类数据新闻案例

案例：如果这都不算爱，央妈心里好悲哀

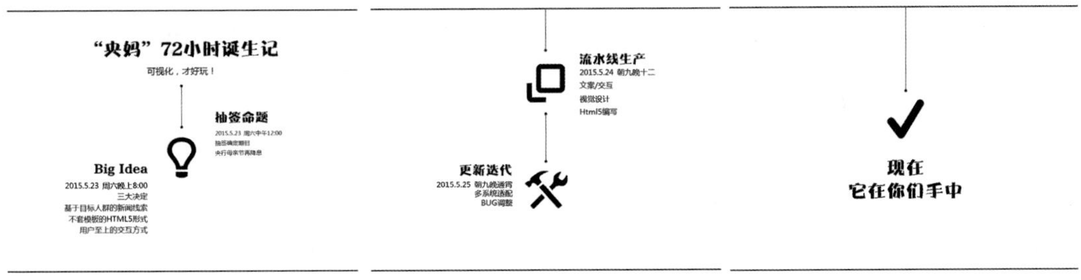

图3－7

1. 作品简介

作品为基于HTML5技术的移动端可视化数据新闻，由中山大学三名在校研究生组成的团队共同完成。作品取材为2015年5月10日母亲节央行再度降准降息这一新闻，以产品思维来做新闻，提炼用户碎片化等阅读习惯，通过有趣幽默的文案、恰当的互动、生动的可视化表达及以技术为支撑的流畅交互，尝试在保持新闻专业性的同时追求更高的传播度。

2. 作品选题背景

“央妈”降准降息：由于中国经济仍然面临较大下行压力，央妈在母亲节“献上大礼”，半年内第三度降息0.25个百分点。

3. 团队成员介绍

团队成员为中山大学本科生团队。

4. 作品选题意义

央行降准降息与百姓的生活息息相关，然而，很多时候被大多数媒体以文字形式放在财经版的降息新闻却显得有些冰冷，想颠覆这个选题，以可视化的形式展示新闻的另一种可能性。

5. 作品内容结构

选择有温度的内容，创新的可视化表达；重视互动、参与和分享性；坚持原创；不采用任何模板。

内容主线为清晰的 What（央妈降息）—Why（为什么降）—How（重点展开：这件事会如何影响"我"的生活?）—Future（未来预期）。在重点展开的 How 部分，布置了降息后房贷、商贷的个性化计算，及对于公积金贷款和股票的相关影响。

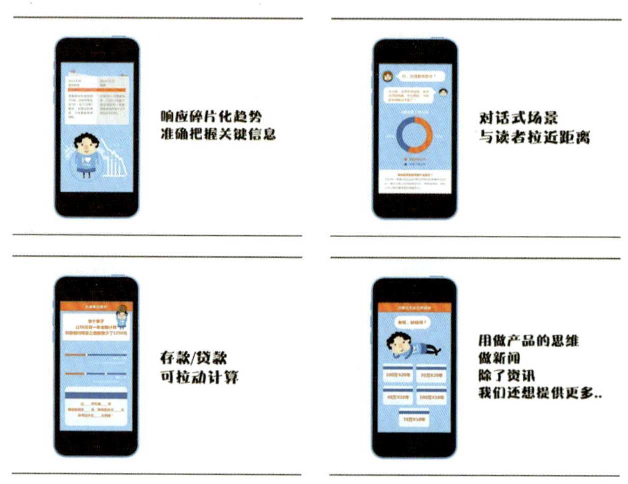

图 3-9

6. 作品数据来源

央行当天发布的降准降息消息，澎湃新闻稿：《央行半年三度降息后，贷款基准利率创历史新低》，http://www.thepaper.cn/newsDetail_forward_1329811。

7. 数据可视化

（1）技术层面上，主要根据设计及交互需求使用 PHP 环境下的前端编程，并无使用任何模板或编辑器。

（2）视觉层面上，主要将通过央行拟人成萌萌的"央妈"形象，营造亲切感。在 HTML5 中，设计了一个小小的交互游戏，让用户帮拟人化的央妈降息变装，以裙子的长度代替利率，并以此形象代表降息对中国经济的有利影响。

（3）交互层面上，为了更加形象生动地说明央行降息对百姓日常生活的影响，加强用户的参与感，增加了计算模块。房屋商业贷款少换多少钱？钱存在银行要损失多少钱？轻轻一拉，我们帮您计算！除了资讯，也希望能提供对用户真正有价值的附加服务

8. 制作过程中遇到的难点和对策

（1）制作过程中遇到的难点。

央行降息是一个热点话题，但作为相对专业的财经性话题，要出彩并不简单。如何将这个热点新闻做得有深度，有温度？如何脱离传统文字或平面文图的藩篱和束缚？采用何种方式

和媒介才能更好地向读者传递信息？技术问题如何解决？需要一条贯穿过去、现在、未来的新闻线索，并且突出最想突出的部分——降息如何影响在读这条新闻的“你”的生活？所以需要此前甚少被运用的基于移动端的HTML5技术支撑。

(2)难点解决对策。别无他法，去想、去学、去尝试。我们所学的专业，让我们在思考和学习中不断尝试。

展示在您们面前的作品，就是我们能给出的最好的答案。

9. 作品创新点解读

作品的主要创新点有两个：

(1)以做产品的思维做新闻。

互联网时代，传统媒体不再能像以前一样聚焦公众视线，所以，更需要转变思路做新闻。互联网时代，用户的特性是：碎片化的阅读习惯；可视化的选择偏好；重互动，重趣味，以及社会化媒体的分享需求。作品遵循了以读者为先，用户为先的思路。

(2)基于HTML5的技术突破。

通过HTML5技术，创新新闻表达方式，综合利用文字、图表、视频、音频乃至动画等多媒体形式，强化交互设计，将枯燥抽象的文本和数据转化为层次丰富、重点清晰、趣味易懂的可视化和交互式形态，不仅突破了传统上文字为主的表达方式，也突破了长期以来静态图表为主、缺乏交互和动态信息的呈现模式，使得新闻专题“动”起来，“活”起来。

第4节 文化类数据新闻案例

案例：少年，你是酱紫上网的吗？

Hi,少年！你是酱紫上网的吗?

图3-9

1. 作品选题背景

“互联网是一场技术革命，更是一场社会革命，必然会成为人类文明的一部分”。《第35次中国互联网络发展情况报告》显示，截至2014年12月，我国网民规模达6.49亿。大学生是文化素养高、思维活跃、敢于挑战、充满激情并且乐于接受新生事物的社会群体，是国家前进动力的象征和外在形象的缩影。互联网在大学生社会化过程中扮演着塑造者角色，对其世界观、人生观、价值观的树立发挥着至关重要的作用。

2. 团队成员介绍

团队成员为兰州大学三名学生。

3. 作品选题意义

甘肃省大学生作为大学生群体的一部分，既具备大学生属性的普遍性，又呈现出其地域性

图 3-10

等特殊性。选题涵盖甘肃省大学生的互联网接触时间、互联网接触内容、互联网接触动机等方面，能全面地获悉甘肃省大学生的互联网接触习惯，为学界相关研究提供基础数据参照，为教育机构引导大学生养成互联网使用的良好习惯提供方向和策略参考，也为相关企业市场定位和广告投放等提供战略和决策支持。

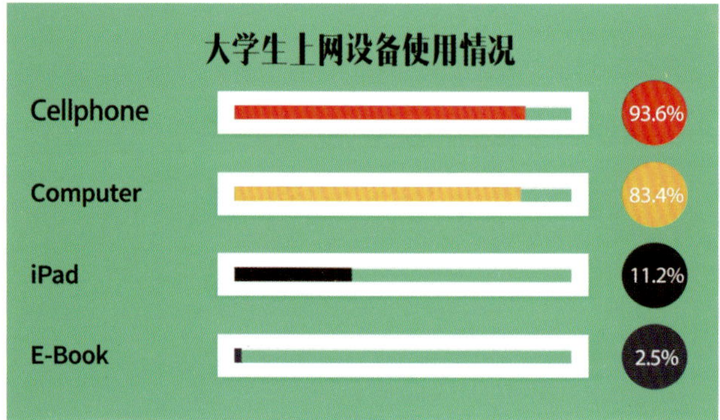

图 3-11

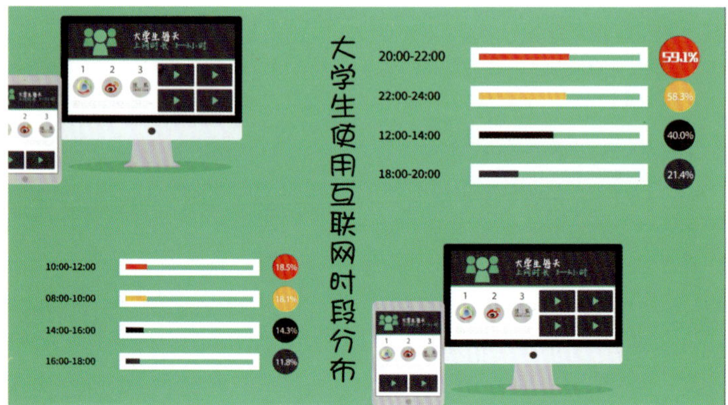

图 3-12

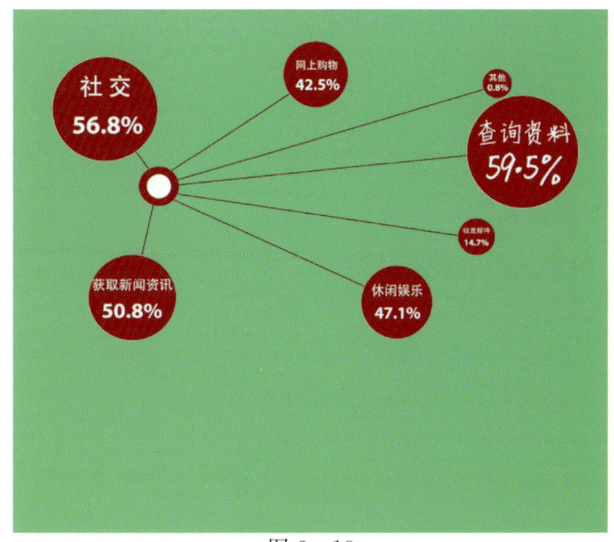

图 3 - 13

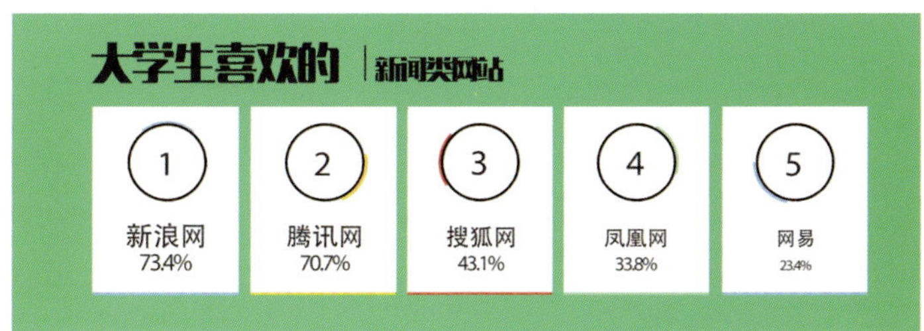

图 3 - 14

4. 作品内容结构

作品的内容主要包括两个部分:其一是对甘肃省大学生互联网接触习惯的单一呈现;其二是对不同属性的甘肃省大学生的互联网接触习惯进行对比分析,寻找差异。

(1)甘肃省大学生互联网接触习惯——单一呈现视角。

众所周知,社会研究中的变量多为抽象概念,选题也不例外。这些概念无法被具体感知,因此需要通过操作化处理将抽象的概念转化为具体的指标。

选题围绕"甘肃省大学生互联网接触习惯"展开,分别从甘肃省大学生互联网接触程度、互联网接触内容、互联网接触动机这三个维度对"甘肃省大学生互联网接触习惯"这一抽象概念进行具体的诠释和呈现,这三个方面程度逐渐加深,贴合传播效果中从认知到态度再到行为的逻辑顺序。

①甘肃大学生互联网接触程度。

作品将甘肃省大学生互联网接触程度这一抽象概念操作化处理为甘肃省大学生上网使用的设备、花费的时长、上网的时段这三个具体的问题。

②甘肃省大学生互联网接触内容。

为了尽量全面地展现甘肃省大学生互联网接触内容,团队用 10 个具体的问题进行呈现:甘肃省大学生常用的网络应用、喜爱的新闻类网站、常用的视频网站、常用的 SNS 社区、常用的购物网站、常用的旅游网站、常用的手机上网功能、常用的交友型 APP、常用的手机地图、常用的手机游戏。

③甘肃省大学生互联网接触动机。

在选题中，甘肃省大学生互联网接触动机被具体化为两个问题：第一，甘肃省大学生使用互联网常做的事情；第二，甘肃省大学生在互联网中关注的信息。

(2)不同属性的甘肃省大学生互联网接触习惯差异——对比分析视角。

本文以性别、专业、年级这三个不同的属性维度，对甘肃省大学生的互联网接触习惯进行对比分析，寻找差异。

5. 作品数据来源

相比二手数据，一手数据更具指向性，能够回答二手数据不能回答的具体问题。选题通过展开问卷调查，获取大量一手数据资料。

在调查设计阶段，首先明确本次调查的目的——甘肃省大学生互联网接触习惯，并将其分成互联网接触程度、互联网接触内容和互联网接触动机这三个方面展开调查。该项调查的调查对象为兰州大学、西北师范大学、西北民族大学、兰州交通大学和兰州理工大学这五所学校的在校大学生。访员为兰州大学新闻与传播学院研究生，在调查之前接受过相关课程培训。2015 年 6 月 1 日，组织访员培训并执行问卷调查。调查使用配额抽样的方法，计划发放问卷 550 份，每所学校计划发放 110 份问卷。在调查执行过程中，访员有意识地控制不同性别、专业、年级的受访者比例：调查的有效样本量中，男性占了 48.5%，女性为 51.5%，相对来说，男女比例差异不大；文科专业的大学生略多，为 39.2%；其次分别为理科和工科，各占到了 30.5% 和 30.3%；不同年级的学生所占比重较为均衡，大一学生占 27.2%，大二学生占 29.2%，大三学生占 25.7%，大四学生占 18.0%；总的来说三个标准的受访者比例较为均衡，符合样本的代表性。调查共回收有效问卷 518 份，并通过随机取样进行电话回访，以此方式检验回收问卷数据的真实性。

6. 制作过程分析

(1)数据挖掘。

①数据整理和录入。

首先对问卷进行审核，校正错填、误填的答案，剔除乱填、空白和严重缺答的废卷，使一手数据具有较好的准确性、完整性和真实性，为后续数据整理录入与统计分析做好准备。数据录入和统计分析均采用 SPSS(Statistic Package for Social Science)，无需转录和格式转换，降低出错的可能性。完成数据录入后进行数据清理工作，避免将错误数据纳入运算过程，对超出有效范围内或逻辑存在问题的数据进行离散处理，从运算中剔除这类数据。

②单变量统计分析。

这一阶段的统计分析主要是描述统计和推论统计，以求用最简单的概括形式反映出大量数据所容纳的基本信息，用从样本中得到的数据资料来推断总体的情况。通过频率运算，获得数据如下：

第一，93.6%的大学生经常使用手机上网。使用手机上网的大学生比例远超过使用其他设备上网的学生比例，手机的便捷性和无线网络覆盖的逐步完善使得越来越多的大学生变成移动互联网浪潮中的弄潮儿。

第二，大学生对于电脑、手机、平板电脑和电子书平均每天的使用时长在 1～3 小时之间。大学生在使用手机上网时，每天所花费的时间较长，约在 3 小时以上。当代社会，时间呈现碎片化特征，手机恰能以其便捷性填充人们的零碎时间。

第三，59.5%的大学生使用互联网查询资料。网络信息的海量、多元和全面使互联网成为大学生获取知识的良好渠道。

③双变量统计。

双变量统计分析主要用来探讨两个变量之间的关系，在作品中，使用交互分类方法分析性别和上网所做事情的关系、性别与关注网络信息的关系、年级与上网时长的关系、年级与关注信息的关系，并且使用卡方检验方法检验其差异的显著性。经过统计分析发现：

第一，不同性别的大学生使用互联网获取新闻资讯、网上购物的差异较为明显。男性大学生使用互联网获取新闻资讯的比例为57%，女性为44.9%；而女性大学生使用互联网进行网上购物的比重占49.1%，男性为35.5%。

第二，不同性别的大学生关注网络信息的类型差异较大。37.5%的男性大学生关注军事信息，女性只有6.7%；关注游戏信息的男性大学生达31.1%，女性仅占11.6%；关注科技信息的男性大学生比重有30.7%，女性仅有9%；37.1%的男性大学生关注体育信息，女性只占10.9%；39.5%的女性大学生关注时尚信息，而男性只有13.5%；69.7%的女性大学生关注娱乐信息，男性仅有37.1%。

第三，不同年级的大学生使用电脑上网时长的差异明显。上网时长在2～6小时之间的学生中，大一学生占26.2%，大二学生有38.4%，大三学生是48.1%，大四学生达57%，随着年级的升高，比重也逐级增加。

第四，不同年级的大学生使用互联网获取新闻资讯、收发邮件的比重存在差距，随着年级的升高，使用互联网获取新闻资讯和收发邮件的学生比重逐渐增加。使用互联网获取新闻资讯的学生中，大一占45.4%，大二占48.3%，大三占54.9%，大四占57%；使用网络收发邮件的大学生中，大一有11.3%，大二有12.6%，大三有14.3%，大四有23.7%。

此外，在统计分析和数据挖掘过程中，笔者也使用了回归分析方法，意图了解所测变量之间的关系强度，建立回归方程，以相关系数描述变量之间的共变特征，但假设经运算验证均未成立，所以未能挖掘出此类预测性数据。

(2)数据分析。

①超过九成大学生经常使用手机上网。

在本次调查中，绝大多数大学生使用手机和电脑上网，且使用手机上网的大学生比例超过使用电脑上网的学生比例；随着技术的进步，平板电脑也逐渐进入大学生的生活中，本次调查中有11.2%的大学生使用平板电脑上网。如下图所示：

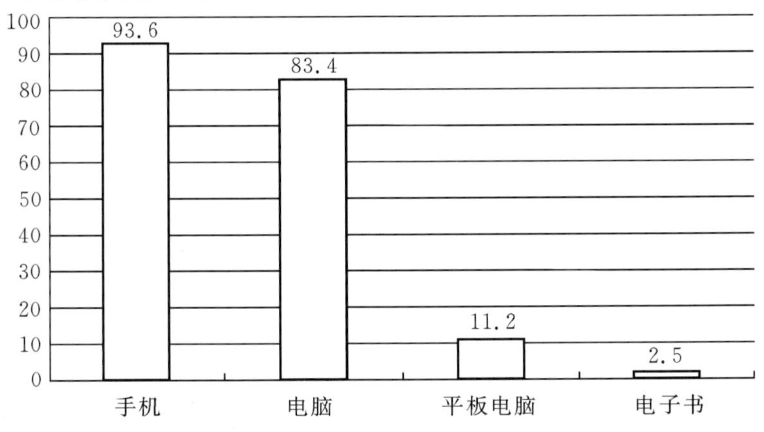

图3-15

②大学生平均每天上网时长介于1～3小时之间。

调查发现，大学生对于电脑、手机、平板电脑和电子书平均每天的使用时长在1～3小时之间。其中，30.4%的大学生平均每天用电脑上网1～2小时；21.5%的大学生平均每天使用手机上网的时长为1～2小时；36.4%的大学生平均每天使用平板电脑上网的时长为1～2小时；46.2%的大学生使用电子书上网的时长为1～2小时。如下图所示：

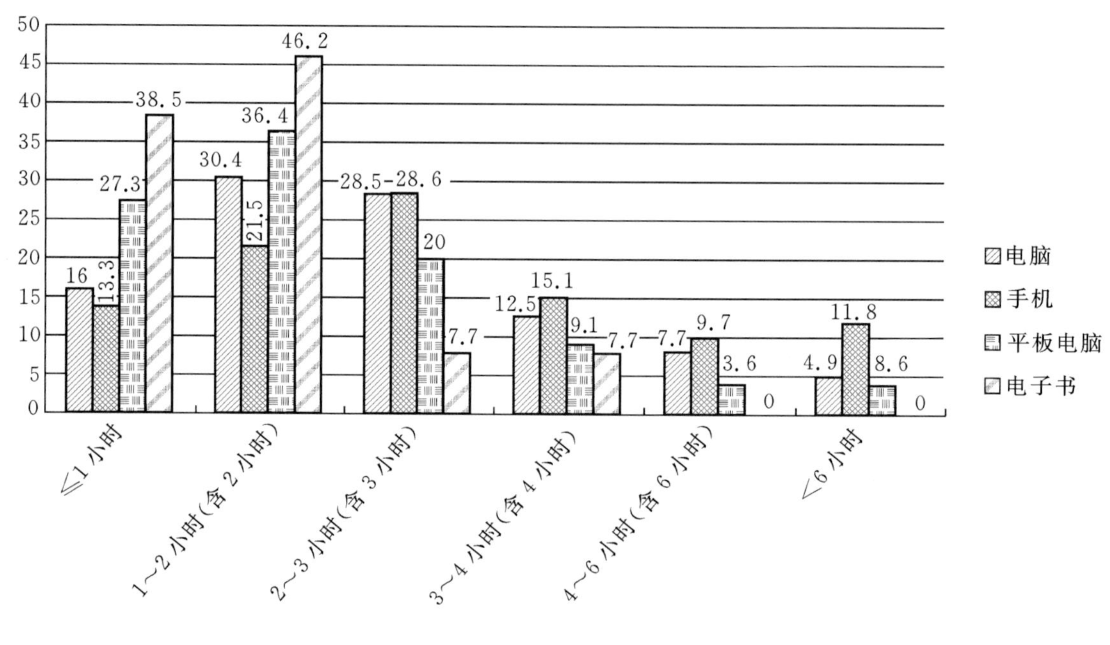

图3-16

③查询资料为大学生上网最常做的事情。

在接受调查的大学生中，有六成大学生使用互联网查询资料；超过五成大学生使用网络社交功能；在网上获取新闻资讯、休闲娱乐和购物的学生也较多；也有少部分学生使用互联网收发邮件。如下图所示：

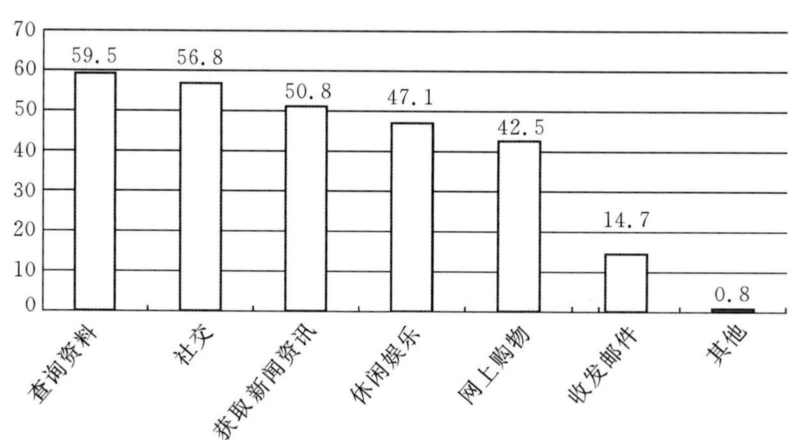

图3-17

④不同性别的大学生使用互联网所做事情的差异分析。

如下表所示，在使用互联网获取新闻资讯方面，男性大学生的比例超过女性；而女性大学生通过互联网查询资料、网上购物的比例超过了男性；在休闲娱乐、收发邮件和社交方面基本持平。

表 3－1

	男	女
获取新闻资讯	57.0	44.9
查询资料	55.8	62.9
网上购物	35.5	49.1
休闲娱乐	48.2	46.1
收发邮件	13.1	16.1
社交	58.2	55.4
其他	0.4	1.1

⑤不同性别关注互联网信息的差异分析。

如下表所示，在被调查的大学生中，男性大学生关注政治、军事、游戏、科技、体育方面的互联网信息的比例高于女性大学生；而关注时尚、娱乐、购物、旅游、文化方面的互联网信息的女性大学生比例高于男性大学生；在对教育、法律和社会民生互联网信息的关注上，男性和女性的比例基本持平。

表 3－2

	男	女
政治	48.6	36.0
军事	37.5	6.7
财经	18.3	13.5
游戏	31.1	11.6
时尚	13.5	39.3
科技	30.7	9.0
体育	37.1	10.9
教育	15.9	21.3
娱乐	37.1	69.7
购物	15.9	44.2
法律	5.6	6.4
旅游	15.1	28.5
文化	20.3	28.5
社会民生	23.9	25.8
其他	2.0	3.0

⑥不同年级的大学生使用电脑上网花费时间的差异分析。

如下表所示，在使用电脑上网的大学生中，平均每天花费时间低于1小时的大学生多为大一、大二年级；花费时间为2～6小时的大学生比例随着年级的升高而增加；花费时间超过6小时的大学生多为大三、大四年级。可以看出，高年级大学生平均每天使用电脑上网的时间要多于低年级大学生。

表3-3

	大一	大二	大三	大四
≤1小时	16.3	19.2	11.3	6.5
1～2小时（含2小时）	27.7	24.5	27.8	21.5
2～6小时（含6小时）	26.2	38.4	48.1	57.0
＞6小时	4.3	2.0	4.5	6.5

(3)可视化。

创作灵感：数据在图表或者文字当中出现，会使受众感到枯燥乏味。所以诸多数据新闻工作者都已HTML5或以图片的形式来呈现数据，这样可以一定量地增加受众的阅读感，但仅有静态画面不足以传达出更为复杂的数据，所以笔者以MG动画的形式，充分展示了研究中每个枯燥的数据意义。在创作过程当中，作品不为美观而牺牲易读性；突出重点内容，弱化次要内容；一致化的视听语言帮助受众更好理解。在创作过程中，有很大一部分精力放在了数据的可"视"性。一致的图形，配以轻松幽默的解说使得受众既易懂，又提升对数据的理解，并且符合逻辑的视听语言设定，需要在这个步骤里寻找信息图最优表现形式，让受众一目了然，降低理解难度。

探索视觉风格：在探索视觉风格时做到抓大放小，先定下来最主要模块的风格，再做延展。我们主题是甘肃省大学生的互联网接触习惯，就需要先定下动画的结构图的视觉风格，再延展到数据的信息图上。本团队第一次尝试的是3D的视觉效果，追求有科技感的表现方式。初版完成后发觉对于本数据新闻的理解反而因形式问题而有所降低，使得受众过度关注动画效果，而忽略其新闻所表达的内容。所以第二版，本团队选择扁平化的视觉风格，加以幽默的配音，不会增加受众的视觉疲劳，视觉听觉相结合达到了传播的最大化。

不足：信息可视化是一个很大的工程，要注意规划好时间。由于经验不足，本团队在制作方面的时间预估出现偏差，使得动画中数据没有完美的融合为一体。好的信息图充满美感，它们往往是对称的、和谐的；先完成最小事件的图形，再逐渐补充，这是本次制作过程中收获的重要经验之一。

7.制作过程中遇到的难点和对策

(1)制作过程中遇到的难点。

①数据测量：本研究拟在大数据的背景下，通过对数据的调查分析，来呈现甘肃省大学生互联网接触情况，本次调查共发放了528份问卷，只选择了兰州大学、西北师范大学、兰州理工大学、兰州交通大学、西北民族大学五所学校，并没有涵盖甘肃省内所有高校，因此样本的选择不太完整，并且在问卷调查当中，由于废卷和统计的一些失误，数据会存在一些不准确。

②可视化制作：本次我们采用了AE、PR等软件进行视频制作，由于视频的长度和内容限制，一些数据信息没有完整地呈现。本次数据统计最大的难点在于如何做到数据的准确性，在允许的范围内，尽量将误差降到最低，前期策划、问卷制作和数据检验、SPSS录入、数据核实，都给此次调查带来了更大的难度。

样本的选择也是一大难点，如何准确恰当地选择样本？采用什么方式？什么样的样本具有代表性？对于最后的数据准确性都是至关重要的。另外做好样本的信度和效度检验，是必不可少的。可视化的呈现存在很大难度，需要多种技术的结合，PS、PR、AE、AI等软件互相结合，才能更好地呈现数据结果，因此对于制作人来说是一种挑战。

（2）难点解决对策。

①文字的使用，网站建设中字体一定要设计好，不然预览出的页面字体混乱，达不到自己想要的效果。

②统一的问题，适宜而统一的整体色调让我们想了好久，统一的色调是对一个网站的最基本的要求，是网站通过设计反映主题的一个重要途径，因此，选择一个统一的色调对图表与网站进行设计。

③图片问题，调整图像清晰度。

④动画方面，减少了大量不必要的动画效果，避免给人眼花缭乱的效果。简单明了的动画效果与整个可视化作品相统一，简洁大气。

⑤向老师求助，指导老师在比赛前后给予我们很多的资讯与帮助，并且专业研究“数据可视化”这个课题很长时间，所以，大多数的技术难题都可以向老师求助，得到解决。

⑥网上寻找资源，当今时代快速的发展使得我们在获取信息也极为方便，学校的数据库也是极大的方便了我们的进展。

⑦随着对数据可视化的深入研究，大量对数据可视化分析的工具书也是层出不穷，所以，齐全的工具书也给我们的工作带来了很大的便利。

尾　声

数据新闻：新闻价值比数据更重要

新闻价值：才是数据新闻的主场

Rick Dunham 教授表示，此次大赛是一次查看学界和业界现状和动态的盛会，无论从数据挖掘、分析，还是可视化方面选手们都呈现出了不俗的水平。“看到这些作品以后我就像看到了中国数据新闻发展的版图，我也愿意贡献一些过去 30 年数据新闻的实践和技巧。”Rick Dunham 教授指向大屏幕的作品欣慰地说道。

数据和数据新闻是不同的理念，数据新闻很重要的一点是，其绝不仅仅是对数据的统计，而是数据与新闻报道的结合、是数据统计与新闻报道的结合、是数据分析与新闻报道的结合。

首先必须重视新闻的价值，在这一方面有着系统性新闻知识和历史性看待问题方法的传统记者往往把握较好，也有着更为成熟的判断力和全局掌控力，而年轻记者们往往会陷入为了数据而数据的误区，技术方面业务能力足够，而忽略了新闻的价值本质，所以说一个新闻的存在必须是因为其价值而存在的，一切工作必须围绕着新闻价值展开，必须意识到新闻价值的重要性；第二，数据新闻必须告诉大家一些故事，之前大家都不知道的故事，这也是对新闻二字最起码的解读；第三，新闻要“新”，就注定其时效性是非常重要的一点，失去了时效性，也就不谓新闻了，切不可因为数据的搜集、数据的分析，而耽误了数据新闻的时效性；第四，必须重视起新闻的相关性，与受众的相关性，即你所要呈现的东西必须是你的目标受众所关注的，你所要报道的要让广大范围内的受众观看，当今社会信息量庞杂，与自我的相关程度深浅，往往直接决定了受众要不要点开。最后，数据新闻的报道一定要平衡好技术信息和内容，数据和数据分析结果的关系。所以数据新闻绝不仅仅是数据的收集，必须是数据的收集分析整理的综合体。

数据可视化：新闻的强战斗力武器

“数据可视化技术为我们做数据新闻提供了重要的技术支持，今天的作品呈现为大家展现了可视化艺术的重要性，以及这种重要性在未来新闻的应用。”Rick Dunham 教授透露，“我的妻子 Pam 在华盛顿邮报 30 年，她作为视觉编辑特别强调了数据新闻可视化效果的重要性。因为从受众角度来看，首先接触到的就是视觉感官，因而数据新闻直观上的视觉效果往往决定了受众会不会进一步去接纳新闻的价值，所以一个是可视化一个是易懂，这两点是受众接触到数据新闻内容的大门。”

Rick 教授表明，数据到了今天，有了比以往更多获取数据的可能，而且这些数据是面向大众公开的，这些数据对商业信息有用，对新闻当然也是一样。技术的进度使得可视化和共享数据变得更简单，越来越多的年轻记者精通数据领域，所以对新闻记者来说，可以获得更多可以使用的数据。这些数据有利于更好地讲述故事，使读者更好地沉浸在故事中，也能使读者认可你工作的有效性；而且数据使得读者自己可以搜索更多信息；另外数据使得更大的团体提出后续故事并采取行动。

但数据能给记者带来很多好处，也会带来负担。因为做数据新闻的时候，并不是要多新奇，而是要很好地利用。“我的朋友在德克萨斯说过，创建一个数据新闻项目的过程中，使用数据并不是因为数据比较有趣，反而是因为数据太无趣了”。

数据思维：新闻业的最大颠覆

数据新闻是一种讲故事的新形式。“树立数据化思维方式，数据工具围绕故事，这才是作为记者应该做的。数据不过是帮助讲述故事的一种辅助形式而已。”Rick Dunham 教授表示。

“数据新闻不只是一种方法，很大程度上是一种重构，对价值思维和向度的重构，在数据、技术的影响越来越大的新闻业，不说一定要掌握各种新兴技术，但传统媒体记者一定要做到能够理解新媒体，树立这种以数据思维思考问题和报道的意识，当然如果能够掌握一些数据分析、数据统计的技术会更好。所以如今几乎所有的数据新闻作品都是团队协作，不仅改变了学习模式、学科发展，而且创建了一个复合性的平台。老记者搭档年轻记者的工作模式，不仅能扣住新闻价值，把握新闻历史性意义和深度，还能以现代化新技术更好的呈现出来”

Rick Dunham 教授谈到，从七八年前的博客和网络新闻到三四年前的微博性公民新闻，再到现在的数据新闻，似乎人人都能当记者，社会也不再需要记者了。但事实是专业记者的存在越来越重要，因为他们有着专业的新闻思维、技能和标准。只是这个评判好记者的思维方式、技能和标准不断在变而已。新闻从文字变成了包括数据；数据可视化；内容整合：文本、图像、分析；附加值于一体的数据新闻。

尤其是数据驱动新闻学，即一种更好的、更简单的、更吸引人的讲述新闻故事的形式，一种依靠数据讲述故事的方式。数据驱动新闻是一种结合，结合数据、文档以及过时的新闻报道。数据新闻可以是一张很大的图片，可以是一个互动的地图，可以通过故事驱动报道来增加全文的深度。如华盛顿邮报在华尔街股市下跌第一天的报道、新浪新闻的中国政府反腐战役等，都是从数据中发现新闻，不仅报道出了事件，而且前因后果覆盖全面，数据帮助受众实现了更好的理解。

随后，Rick Dunham 教授还结合多个当下数据新闻实例，向大家分享了新闻的四个要素、数据新闻必备六种基本技能、数据新闻制作步骤等专业知识技巧。据了解，Rick Dunham 教授从 1995 年就开始在美国各大高校教授年轻记者新闻技巧，2006 年担任美国记者俱乐部新闻研究所所长时，开始了网络、社会媒体、多媒体、数据新闻的新闻培训。直到 2013 年进入清华大学至今。近 15 年的新闻教育和培训与 30 年的华盛顿记者工作经验，理性认识和具体实践结合，将实践转化为教育理念。使得 Rick Dunham 教授可以称得上是亚洲和美国最前沿的新闻教育和培训专家之一。

Rick Dunham 教授最后强调到，数据本身并不是目的，它只是一种达到目的的手段。目前数据处于金字塔的顶端，数据是数据工程师经过挖掘处理的信息，我们通过技术把这个建立成三个等级的金字塔。顶端“数据”—可视化—底端“智慧”，从顶端到底端还需要一个很漫长的过程。

后　记

目前，新闻业在生产模式和机制等方面都处在融合、转型的重要节点。但“数据新闻”对于新闻业不是一种颠覆，也没有颠覆，只是在表现新闻的时候多了一种表现形式而已，是在大数据背景之下，所呈现的最新的最前沿的一个事物、一种形态。如今，天气的变化、物价的涨跌、经济的波动、汇率的变换，这些都不能离开数据。没有数据的发展变化，就无从得知具体情况，也无法准确得出结论。而数据新闻的出现不仅丰富了新闻表现的品种，更有助于对某些与数据、数量相关联的一些新闻事件的理解。

数据新闻，包括可视化数据，都是传媒发展到一定阶段的新产物。这个一定阶段是指计算机等科学技术的发展以及人类知识的积累发展到可视化这个阶段。以前影视艺术也给我们提供了相当的基础，是一种非常好的可视化。只不过今天是用计算机生产技术和表现技术在原有影视图像基础上的一种新发展而已。其本质是人在接受信息的时候有一种本能的追求，希望在信息呈现时能随时随地自由地、形神并茂地进行信息传播和交流。而数据新闻可以使这种信息传播的形式更上一个台阶和境界，即更方便化、更大众化、更廉价化。这样一来，信息传输会从原来的电视、电话转为当下的手机、iPad 接收，从而推动信息传输渠道以及表现手段的多样化。由此，大众在传播信息的时候使得人人成为记者，反过来也会进一步促进新技术在表现形式上呈现出更多的畅想和要求。

数据新闻首先一定是以新闻价值为其主要诉求。数据要为新闻服务，新闻是第一性的，数据是第二性的。考察数据有没有价值的时候，是考察数据有没有新闻价值。数据新闻绝不仅仅是对数据的统计，还是数据与新闻的结合，也是数据统计和新闻报道的结合。原因有以下几点：①在大数据云的大环境下，通过数据发现新闻点，新闻价值决定数据的质量；②数据新闻通过在已经发生的热点事件中发现某种联系，从而揭示新闻价值和新闻故事，而且是我们之前都不知道的故事；③新闻的时效性也非常重要；④新闻的相关性，即与受众的相关性往往决定了新闻的受众关注度，你要呈现的东西必须是你的目标受众所关注的，你要报道的新闻是要让广大受众观看的，报道要平衡技术信息和内容、数据和数据分析结果之间的关系。数据可视化技术为我们做数据新闻提供技术支持，但是数据可视化并不等于数据新闻。

在数据新闻发展过程中，要注意从人的本性出发。一方面，是要传播真和美，技术发展以及表现形式的完善使得技术呈现更加简洁、大众、廉价和科学；另一方面，从善的角度来说，人文、伦理以及精神境界方面要求我们要考虑科技的发展带有双刃剑的性质，科学技术为人类带来福祉的时候会带来一些不利的因素。所以在热发展过程中我们都需要冷思考。只要我们冷静地辩证地思考，新媒体的发展就能在热期待和冷思考中沿着正确的路径发展，发扬好的东西，弃去不利的因素，这部分需要我们结合科学技术观念和人文伦理观念来思考。

甘肃融合媒体研训基地成立以后，举办此次首届中国数据新闻大赛，是一个很好的开端，我参加过各种国内外研讨会，这次大赛的参与广度和深度前所未有。我没有想到，在这个领域，这么前沿的一个课题，这么时尚的盛会，在全国首先是由位于中国西北的西北师范大学率先搞起来的，非常难能可贵。尽管作品中仍存在这样那样的不足，但总体水平确实不错。今天的作品呈现为大家展现了可视化艺术的重要性，以及这种重要性在未来新闻的应用。今天的展示是一种检阅，检阅我国数据新闻在初级发展阶段的成绩和不足，并思考数据新闻该是怎样的，数据可视化该是怎样的。不难看出，好的数据新闻作品往往都是具有独到的思维、深刻的新闻内涵，并且善于运用理性思维系统分析，善于从一些数据中发现一些有价值的题材，并结合新闻点进行深度分析。此次大赛及研讨会很重要的一个特点是业界和学界一起共同交流探讨，使我们能更冷静、辩证地认识数据新闻的历史地位和现实价值，为学界、业界以及主办方在各个方面的深入对话交流开了一个好头。

具体来看，业界方普遍对新闻价值（新闻的时效性、时宜性）的把握要好一些，善于从已经发生的事件中发掘深度新闻并进行可视化展现，这是业界一种独到的优势；同时，业界把握数据新闻的内涵相对较好，这是由于新闻媒体的生产机构特性以及其行业特征所决定的。另外，业界在可视化呈现上比学界更成熟一些，这跟团队合作有一定关系，在人才结构上比学界更加合理。学界则更善于研究观察，从过去的新闻事件中发现新的新闻价值。这就提示我们学界在今天的数据新闻包括数据可视化领域，更明显地呈现出一个跨学科的特征。

之后，我希望这个基地能在媒体融合发展过程中发挥更好的作用和价值，从理论到实践做出一些更好的思考和创新性设计，使其下一步在整个国家落实中央“关于推动传统媒体向新兴媒体转型发展指导意见”和习总书记“讲好中国故事”伟大战略中，有一个创新性的、接地气的切入角度，形成基地的特色。毫无疑问，这需要各方面智慧群策群力整合起来，再加上热期待冷思考，并由此分析和提出进一步发展的一些更好的思维和举措，我相信基地的发展定会越来越好，前景一片光明。

总而言之，当下是数字时代，是青年的时代，要真正动手实践还是要靠年轻人，此次大赛让我感受到新鲜的潮流，是青年人的视野，是青春的梦幻在撞击。下一步我们应当支持业界推进实践，学界改进教学方式靠拢业界，支持中国年轻一辈把中国数据新闻事业从传统媒体迈向新兴媒体。人类永远无休止地创造更美好的世界、生活，正是由于这种追求的能力和动力，人类社会才永远不会停息。数据新闻是这个阶段性的产物，下一个阶段会出现新的新闻表现形式，现在我们一时难以预测，但是可以断定，还有新的样态、形式出现。

吴信训教授
中国传媒经济与管理学会副会长
上海大学中国艺术产业研究院执行院长
博士生导师